업무시간을 반으로 줄이는
AI 활용법

prompt

챗GPT로
심플하게 일하고,
빠르게 퇴근하라

업무시간을 반으로 줄이는

AI
활용법

이임복 지음

#챗GPT
#코파일럿
#제미나이

천그루숲

2022년 말 챗GPT의 등장으로 많은 변화가 일어났다. 이제 세상은 챗GPT가 등장하기 전과 후로 나눌 정도이다. 챗GPT를 비롯한 생성형 AI는 질문에 답을 해주는 걸 넘어 글을 써주고 그림을 그려주고 영상을 제작해 준다. 엑셀, 파워포인트, 워드 등 다양한 문서 작성을 도우며, 누구나 자신만의 챗봇을 만들어 낼 수 있는 시대가 되었다.

이렇게 놀라운 세상이 눈앞에 펼쳐지고 있음에도 불구하고 주변에 "챗GPT를 써봤나요?"라고 물으면 많은 사람들이 고개를 젓는다. 일부는 챗GPT로 인한 변화를 실감하면서도 "그래서 그게 나와 무슨 상관있나요?"라고 되묻는다. 이럴 때마다 '이거 언제 있었던 일인데'라며 기시감이 느껴졌다. 그렇다. 우리는 이미 이런 급격한 변화와 혁신 속에서 방관과 무관심의 순간을 경험했었다. 바로 스마트폰이 보급되던 시기였다.

세컨드브레인, 스마트폰이 가져온 혁명

2009년 아이폰이 국내에 들어오고 2010년에는 갤럭시가 보급되며, 우리나라에도 스마트폰 혁명이 일어났다. 손에 쥔 작은 스마트폰으로 우리는 많은 걸 할 수 있었다. 언제 어디서나 궁금한 것이 있을 때 검색만 하면 세상 모든 지식에 접근할 수 있었다. 스마트폰의 캘린더 앱에는 모든 약속을 기록할 수 있었고, To-Do 앱에는 생각나는 모든 일들을 적을 수 있었다.

스마트폰을 쓰면 쓸수록 마치 또 하나의 뇌를 쓰는 것만 같았다. 신체의 뇌가 생각을 하고 판단을 하는 기능이라면, 스마트폰은 필요한 부분을 찾아서 저장해 놓는 세컨드브레인이었다. 여기서 영감을 얻어 당시 처음 쓴 책이 《세컨드브레인, 스마트폰으로 성공하라》였고, 회사 이름도 '세컨드브레인연구소'라고 짓게 되었다.

스마트워크의 시대, 대기업과 스타트업의 변화

스마트폰 시대가 펼쳐진 이후 기업들은 저마다 생산성을 강조하며 스마트워크, 모바일을 활용한 업무력 향상에 관심을 쏟았다. 하지만 한계가 있었다. 스타트업들은 다양한 협업 툴을 활용해 업무 효율성을 높이고 있었지만, 대기업과 공공기관은 '보안 이슈' 때문에 쉽게 적용할 수 없었다. 뛰어난 인재들이 모인 대기업 등에서는 보안 이슈에 가로막혀 새로운 서비스를 이용해 볼 시도조차 하지 못했다. 그런데 기업들이 보안 이슈 때문에 막혔던 공유와 협업에 다시금 관심을 가지게 된 건 아이러니하게도 우리를 가장 힘들게 했던 '코로나 팬데믹'이었다. 바이러스가 세상을 뒤덮었지만 기업과 고객들은 어떻게 해서든 서로 만나야 했기에, 디지털 트랜스포메이션(DT)이라는 이름으로 다양한 변화와 혁신이 시도되었고 많은 성과를 얻었다.

지금 생성형 AI로 인한 변화와 혁신은 과거 스마트폰이 보급되고 모바일이 활성화되던 때와 비슷한 상황이다. 챗GPT로 시작된 AI의 등장은 우리의 삶과 업무에 많은 것을 바꾸고 있다. 기업 역시 기존의 수동적인 관점에서 벗어나 비용 절감과 시간 절약, 생산성 향상을 위해 앞다투어 생성형 AI를 도입하고 있다.

지금 당장, 심플하게 시작하자

이 책은 챗GPT를 비롯한 생성형 AI의 복잡하고 어려운 사용법을 최대한 줄이고 단순화했다. 누구라도 챗GPT를 지금 당장 사용할

수 있도록 우리가 하는 업무 프로세스에 기반해 가장 심플하면서
도 즉시 사용해 볼 수 있는 내용들을 담았다. 특히 무료버전으로
도 충분히 활용할 수 있는 기능들을 위주로 구성했다. 유료버전을
사용하면 할 수 있는 일들이 늘어나지만 그만큼 부담이 커질 수 있
기 때문이다. 그러니 무료버전부터 심플하게 사용해 보자.

　우리는 이미 업무의 전문가들이다. 어떤 책과 강의도 현업에
서 일하는 개개인의 업무에 대해 자신보다 정확히 알 수는 없다.
AI도 마찬가지다. 직접 사용해 보지 않으면 어떤 게 도움이 되는
지 어떤 게 불필요한지 알 수 없다.

　회사에서 AI를 사용할 수 없다고, 예전만큼 손이 빠르지 않다
고, 너무 바빠서 무언가를 배울 시간이 없다고 말하지 말자. 회사
PC에서 사용할 수 없다면 개인 스마트폰에서 사용하면 된다. 회
사의 변화를 기다리기 전에 개인의 변화와 발전이 먼저다. 남들보
다 앞서가지는 못하더라도 뒤처져서는 안 된다.

이 책은 이렇게 활용하자

책에 있는 내용들을 빠르게 한 번 읽어보고, 필요한 부분은 접어
두었다가 반드시 실습해 보자. 노트북도 좋고, 태블릿PC, 스마

일상 IT

일상 IT Note

트폰도 좋다. 인터넷에 연결된 상태면 된다. 여러분의 실습을 돕기 위해 책 속의 다양한 내용은 〈일상 IT〉 유튜브 채널과 〈일상 IT Note〉 블로그에 관련 영상과 추가적인 설명을 해두었으니 꼭 참고하기 바란다(책 속의 QR코드를 인식하면 좀 더 자세한 내용을 볼 수 있다).

이제 시작이다. 챗GPT에게 수많은 질문을 던지며 자신의 일과 생활에서 조금 더 여유를 가질 수 있는 방법을 찾아보자. 그리고 이를 통해 업무시간은 반으로 줄이고, 수입은 두 배로 올리며, 빠르게 퇴근하자.

차 례

PART 1 '검색'의 시대에서 '생성'의 시대로

1장 챗GPT가 가져온 생성형 AI의 시대

2장 일 잘하는 사람의 AI 업무법

PART 2

업무시간을 반으로 줄이는 실전 AI 활용법

1장 정보 수집의 기술

2장 정보 정리의 기술

AI의 시대,
어떻게 살아남을 것인가?

AI는 우리의 일자리를 사라지게 만들까?

AI는 결국 우리의 일자리를 빼앗아갈까? 이런 질문과 두려움은 어제오늘의 일이 아니다. 2016년 알파고 이슈 때만 해도 아직은 이르다고 생각했었다. 줄어드는 일자리는 있겠지만 극적인 변화가 일어날 거라고는 생각하지 않았다. 하지만 돌이켜 보면 기계와 AI는 보이지 않는 곳에서 서서히 사람들을 대체하고 있었다. 건물마다 있던 주차장 관리인들은 번호판 자동인식과 카드 결제로 대체되었다. 고속도로의 하이패스도 마찬가지다. 수납원들은 조금씩 사라지고 있고, 하이패스 도로는 계속 늘어나고 있다.

앞으로 10년, 더 빠르면 5년 후를 내다 보면 많은 일자리가 사라지거나 큰 변화를 겪게 될 것이다. 이 변화가 두려운 건 단순반복적인 일들 외에 창의적인 일까지도 AI로 대체될 게 너무 눈에 보이기 때문이다. 물론 그중에서도 살아남는 직업과 살아남는 사람들은 있을 것이다. 나는 진심으로 우리 모두가 살아남았으면 좋겠다.

생산성의 차이가 가져올 변화

AI를 잘 활용하는 사람들이 그렇지 못한 사람들의 일자리를 차지하게 될 것이다. 이는 엔비디아 CEO 젠슨 황의 "AI를 효과적으로 활용하는 사람은 그렇지 않은 사람보다 경쟁우위를 갖게 될 것"이라는 말에서도 확인할 수 있다. 이렇게 생각해 보자. 회사에 엑셀을 잘 쓰는 직원과 그렇지 못한 직원이 있다. 같은 업무를 맡겼을 때, 누구는 10분 만에 일을 끝내지만 누구는 한 시간 넘게 씨름하고 있다면 앞으로 누구에게 일을 맡기겠는가? 물론 엑셀의 경우복잡한 함수와 자동화 방법을 배우는 게 어려워 개인차가 존재할 수 있기 때문에 잘 쓰는 직원에게 맡기게 된다. 하지만 AI의 시대는 다르다. 다양한 엑셀 함수를 모르더라도 필요한 결과물을 AI에게 제대로 요청만 하면 1시간을 10분으로 줄이는 건 누구나 할 수 있다. 결국 앞으로 가장 중요한 건 AI 활용능력이 될 것이다.

AI 활용의 승자는 누구?

생성형 AI의 시대, 어떤 사람이 더 인공지능을 잘 활용할 수 있을까? 회사에 갓 들어온 IT에 능숙한 신입사원일까, 아니면 회사에서 오랜 시간을 보낸 부장님일까?

　AI와 관련한 강의를 할 때마다 이 질문을 던져 보았다. 대부분 신입사원이 더 잘 쓸 거라는데 손을 들었다. 아마도 신입사원은 어릴 적부터 IT를 다루었고 손도 빠르니까 그럴 수 있을 거라 생각했던 것 같다. 하지만 내 생각은 다르다. 단순히 파워포인트를 감각적으로 만드는 작업이라면 신입사원이 잘할 수 있다. 하지만 AI를 활용하는 면에서는 다를 수 있다. AI를 활용하는 건 어렵고 복잡한 프로그램을 새로 배우는 것이 아니라 제대로 된 질문만 던지면 되기 때문이다. 이건 직장인들이라면 늘 해왔던 일이다. 특히 부장급 이상이라면 오랫동안 실전에서 다양한 경험을 바탕으로 질문해 온 사람들이다.

　대기업 회장님이 엑셀 시트를 직접 만드는 게 상상이 되는가?

이들에게 상상되는 모습은 임원들의 보고내용을 들으며 날카로운 질문을 던지는 모습일 것이다. 바로 이 부분이다. 단순반복적인 일, 세련되게 꾸미는 일은 AI가 잘할 수 있는 일들이다. 우리에게 필요한 것은 AI가 잘할 수 있도록 창의적인 질문을 던지는 것이다.

그렇다고 해서 부장님들이 손을 놓고 있어서는 안 된다. 회사에서 살아남는 사람들은 반짝이는 눈으로 조금이라도 더 배우고 익히며 새로운 아이디어를 내는 사람들이다. 회사에서 원하는 사람도 이런 사람들이지 연차가 오래되었다고 대충 시간만 보내는 사람이 아니다. 그러니 부장님들도 AI가 어떤 일을 할 수 있고, 어떻게 질문하면 좋은 답을 얻을 수 있는지 꾸준히 공부해야 한다.

신입사원들은 어떻게 해야 할까? 젊은 세대들에게 항상 따라붙는 말이 있다. '쟤들은 아예 DNA가 달라.' 그렇다. 신입사원들은 센스가 남다르고 주어진 과제를 해석하는 능력도 다르다. 하지만 이들에게도 일을 반복하며 시행착오를 겪는 '배움의 시간' '경험의 시간'이 필요하다. 회사에서 신입사원을 뽑아서 업무를 가르치고 제대로 일을 할 수 있게 하기까지는 꽤 많은 시간과 비용을 투자해야 하는데, 회사는 더 이상 이런 투자를 하려 하지 않는다. 그래서 신입사원들도 더 자주 AI를 활용해 자신에게 맡겨진 업무를 조금 더 빠르고 정확하게 처리할 필요가 있다.

지금의 세대가 파워포인트·워드·엑셀이 없으면 일할 수 없 듯이, 앞으로는 AI 없이 일한다는 것은 상상조차 할 수 없는 현실 이 될 것이기 때문이다.

생성형 AI의 시대, 어떻게 일해야 하는가

잘해야 한다. 잘한다는 건 '익숙하고 능란하게'라는 사전적인 의미 를 가지고 있다. 능숙하게 되는데 필요한 건 '시간'과 '경험'이다. 따 라서 지금부터 매순간 AI를 화면에 띄워놓고 질문하고, 스마트폰 에서도 활용해 보자. 일단 자주 사용해야 익숙해진다. 아직도 많 은 사람들이 이렇게 이야기한다. '저희 회사에서는 보안 문제 때문 에 못써요.' '일단 어떻게 활용할 수 있는지 다른 회사 사례부터 알 려주세요.' 답답한 이야기다. 회사 컴퓨터에서 사용할 수 없다면 스마트폰으로 사용하면 된다. 다른 회사의 사례는 정말 찾기 어렵 다. 생성형 AI가 나온 지 얼마 되지도 않았고, '우린 이렇게 잘 쓰고 있습니다.'라고 하는 회사가 자신들의 노하우를 공개하겠는가? 그 러니 일단 스마트폰에 앱부터 설치하자.

당신이 이 책에서 원하는 건 인공지능의 역사와 인공지능의 발 전 발향, 복잡하고 어려운 프롬프트 작성법이 아닐 것이다. 나 역시 그런 이야기를 할 생각은 없다. 대신 다음의 6가지는 기억해 두자.

1) 일상에서 AI 활용하기

이제는 업무를 할 때 구글과 네이버에서 검색을 하는 것처럼 매순간 AI와 대화해 보자. 일단 자주 사용해 봐야 어떤 도움을 받을 수 있는지 알 수 있다.

출근길에 뉴스기사나 책을 읽을 때도 잘 모르는 내용이 있다면 곧바로 AI에게 물어보자. 회의자료를 작성할 때도 AI의 도움을 받아보자(보안 이슈는 꼭 생각하면서). 이외에도 이메일 작성, 데이터 분석, 프레젠테이션 준비 등 업무의 전 영역에서 AI를 적극 활용해 보자. 단순히 AI가 만들어 낸 결과물을 그대로 쓰는 게 아니라, 내 업무에 AI를 어떻게 녹여낼지 고민하는 과정이 중요하다. 이 과정에서 우리는 AI의 장점과 한계를 파악할 수 있고, 동시에 업무 효율성도 높일 수 있다.

2) AI에게 질문하는 법 배우기

제대로 질문하는 방법도 익혀야 한다. 단순하고 모호한 질문보다 맥락을 제공하고 구체적으로 묻는 연습이 필요하다. 예를 들어 [우리 회사 신제품 홍보 문구 좀 만들어 줘]라고 묻는 것과 [젊은 층을 타깃으로 새롭게 출시한 저칼로리 콜드브루 커피 홍보 문구 3개만 제안해 줄래?
트렌디하고 감각적인 느낌으로]라고 묻는 것은 질적으로 다른 결과를
가져온다. AI에게 명확한 지시를 내리는 스킬을 익히자.

3) 변화하는 업무환경 이해하기

더 넓은 관점에서 AI가 가져올 업무환경의 변화를 이해하려
노력해야 한다. AI는 단순히 개인의 업무효율을 높이는 데 그치
지 않는다. 조직 전체의 의사소통 방식, 의사결정 프로세스, 나아
가 비즈니스 모델까지 변화시킬 수 있다. 이런 변화의 흐름을 읽
고 능동적으로 대응하는 자세가 필요하다.

4) 평생학습의 자세 갖추기

무엇보다 중요한 건 지속적인 학습이다. AI 기술은 하루가 다
르게 발전하고 있다. 하루가 멀다 하고 새로운 모델과 서비스가
쏟아지는 상황에서 어제의 지식은 금세 낡게 된다. 늘 새로운 것
을 배우고 익히려는 자세, 이른바 평생학습의 자세가 필수적이다.
관련 서적을 읽고, 온라인 강의를 듣고, 커뮤니티에 참여하며 최
신 트렌드를 파악하자.

5) 인간만의 영역 고민하기

AI가 아무리 발전한다 해도 인간만이 할 수 있는 영역은 분명 존재한다. 창의력, 공감능력, 윤리의식 등은 아직 AI가 완벽히 구현하지 못하는 인간 고유의 가치다. 이러한 역량을 꾸준히 계발하는 것도 중요하다.

6) 결국 질문하는 자만이 살아남는다

핵심은 호기심과 질문에 있다. 더 많은 질문을 던지는 사람들이 더 많은 활용법과 해결책을 알 수 있다. 2023년 출간한《챗GPT 질문하는 인간, 답하는 AI》라는 책의 제목을 고심하며 '질문'이라는 키워드를 넣었던 이유다. 세상 모든 문은 두드려야 열리듯, 세상 모든 문제 역시 우리가 제대로 된 질문을 던져야 제대로 된 답을 알려주기 때문이다. 그러니 질문하라.

이 책은 크게 두 개의 파트로 구성되어 있다. 챗GPT가 등장한 이후 벌어진 생성형 AI의 흐름은 꼭 이해하고 넘어가야 한다. 그래서 PART 1에서는 AI의 발달과 지금 우리가 생성형 AI를 사용해야 하는 이유를 담았다. 기업을 운영하는 대표님이나 팀장님들은 지금 당장 AI 트랜스포메이션을 준비해야 한다.

PART 2에서는 업무시간을 반으로 줄이기 위해서는 우리가 원래 하던 일에서 AI를 어떻게 활용하면 좋을지에 대해 어렵지 않게, 심플한 사용만으로도 효과를 얻을 수 있는 방법을 담았다. 업무자동화, 완전자동화 이런 말에 현혹되지 말자. 일을 하는 주체는 어디까지나 내가 되어야 한다. 자동화는 그 후의 일이다. 인공지능은 우리의 단순작업시간을 줄여줄 것이다. 그럼, 바로 시작해보자.

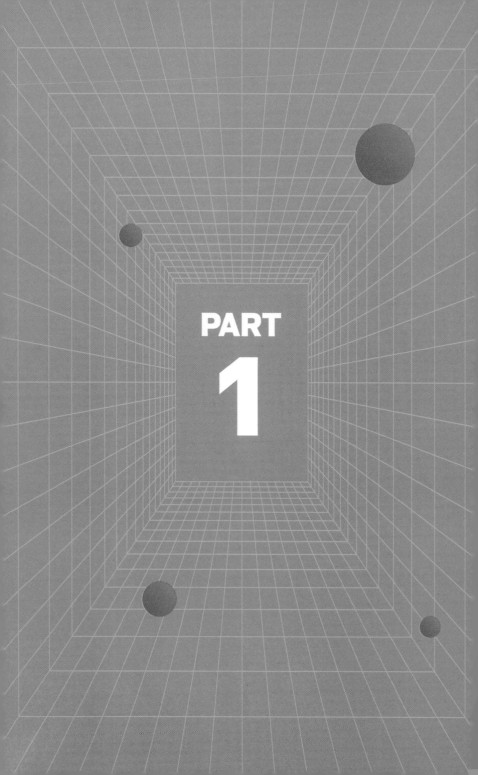

PART

1

'검색'의 시대에서 '생성'의 시대로

1장

챗GPT가 가져온
생성형 AI의 시대

2016년의 알파고 vs
2023년의 챗GPT

01

알파고와 이세돌, 세기의 바둑 대결

2016년 이세돌 9단과 알파고의 역사적인 대국이 있었다. 구글이 인수한 딥마인드의 인공지능 알파고는 모두의 예상을 깨고 당대 최고의 바둑 기사라고 할 수 있는 이세돌 9단을 4승 1패로 격파했다. '인공지능은 정해진 답만 한다'라는 기존 관념을 깨고 '스스로 생각해서 예측한 답을 내놓을 수 있다'는 놀라운 결과를 보여줬다. 물론 이전에도 인간은 IBM의 딥블루에게 '체스'로 진 적이 있다. 그런데 더 많은 수를 예측해야 하는 '바둑'에서 진다는 것은 예상하지 못했다. 이 대국은 인공지능 기술의 급격한 발전을 전 세계에 알리는 신호탄이 되었다.

드디어 인공일반지능AGI, Artificial General Intelligence이 나타나게 된 걸까? 우리의 일을 도와줄 수 있는 비서 역할을 할 정도로 인공지능이 성장하게 된 걸까? 많은 사람들이 인공지능에 관심을 가지게 되자 2017년 작고 귀여운 '인공지능 스피커'가 등장했다. 스마트폰에 들어 있는 애플의 시리, 삼성의 빅스비와 같이 스피커에 인공지능이 들어 있는 형태였다. 그런데 AI 스피커가 음악도 틀어주고, 날씨도 알려줬지만 우리들이 기대하는 일상생활에 적극적으로 쓸 수 있는 비서 수준은 아니었다.

각 기업과 지자체들도 앞다투어 챗봇과 인공지능 콜센터를 도입했다. 하지만 이 역시 대화의 내용과 수준에 한계가 있었다. 대화를 하면서 이것저것 물어보면 결국에는 '그건 잘 모르겠어요'라며 대화를 끝냈다. 이런 불편함은 결국 실망감으로 돌아왔다. 이렇게 쌓인 인공지능에 대한 실망감과 피로감으로 인해 2022년 말 챗GPT가 공개되었을 때도 사람들은 큰 기대를 품지 않았다. 어차피 챗봇일 테고, 그간 나온 것과 별 차이가 없을 거라 생각했다.

챗GPT가 성공한 3가지 이유

하지만 챗GPT는 모두의 예상을 깨고 대성공을 거두었다. 기존에 있던 인공지능과 다른 무엇이 챗GPT를 특별하게 만든 걸까?

첫째, 접근성이다. 만약 알파고와 바둑을 두고 싶으면 어떻게 해야 할까? 잘 모르겠다. 뭔가 길게 검색해서 여러 절차를 거쳐야 할 것 같다. 챗GPT와 대화를 해보고 싶으면 어떻게 해야 할까? 간단하다. 웹사이트에 접속만 하면 된다. 게다가 스마트폰으로도 앱을 다운받아 사용할 수 있어 편리하게 이용할 수 있다.

둘째, 무료다. 무료를 이길 수 있는 건 없다. 게다가 성능까지 좋다면? 예를 들어 라면을 먹는데 김밥을 공짜로 준다고 해보자. 이때 김밥이 맛 없으면 안 주는 게 더 낫다. 그런데 무료 김밥이 엄청나게 맛있다면 가게는 손님으로 가득할 것이다. 챗GPT 역시 무료인데도 불구하고 뛰어났다(물론 무료버전의 한계는 존재한다). 게다가 챗GPT를 개발한 오픈AI는 새로운 버전이 나오면 사용량의 제한은 두더라도 무료 사용자들이 계속 새로운 서비스를 이용할 수 있도록 지원하고 있다.

셋째, 모국어 지원이다. 영어 외에도 한국어, 일본어 등 다양한 언어로 챗GPT와 대화를 할 수 있다. 챗GPT가 아무리 대단한 서비스라고 해도 대화를 나누는 게 '영어'로만 한정되어 있었다면 지금처럼 폭발적인 성장은 불가능했을 것이다.

　이러한 3가지 요인 덕분에 챗GPT는 출시 직후부터 폭발적인 관심 속에서 성장했다. 며칠 만에 수백만 명이 회원으로 가입했고, 주요 언론은 연일 챗GPT 관련 기사를 쏟아냈다. 알파고가 바둑을 통해 인공지능의 잠재력을 증명했다면, 챗GPT는 그 잠재력을 우리 일상 속으로 끌고 들어왔다. 챗GPT가 쏘아 올린 작은 공이 생성형 AI의 시대를 가속화시킨 것이다.

2007년의 아이폰 임팩트 vs 2023년의 GPT 임팩트

02

아이폰과 앱스토어의 등장

오픈AI의 챗GPT가 가져온 엄청난 변화는 애플의 아이폰 출시가 가져온 충격과 비슷해 보인다. 생각해 보자. 아이폰이 등장하기 이전에도 스마트한 전화기들은 많았다. 삼성, 엘지, 노키아, 블랙베리 등에서 작고 예쁜 수많은 전화기를 만들고 있었다. 스티브 잡스가 아이폰을 들고 나오며 이야기했던 '전화' '인터넷' 'MP3 플레이어' 세 개의 조합 역시 기존에 PDA가 제공했던 기능이다. 그런데 아이폰은 달랐다. 작고 빠른 것은 물론, 혁신적인 디자인에 사람들은 열광했고 구매로 이어졌다.

여기에 비밀병기라 할 수 있는 '앱스토어'가 등장했다. 기존에는 전화기에 새로운 기능이 추가되면 새 기기를 구매해야 했다. 하지만 앱스토어의 등장으로 기존 기기에 원하는 앱을 설치하면 새로운 기능을 사용할 수 있게 되었다. 같은 스마트폰이라도 각자의 취향과 필요에 따라 천차만별의 모습으로 달라졌다.

챗GPT와 GPTs의 등장

챗GPT가 가져온 변화도 비슷하다. 오픈AI의 챗GPT 이전에도 구글, 마이크로소프트, 메타, 네이버 등 수많은 기업들이 대규모 언어모델LLM, Large Language Model을 개발해 왔다. 심지어 구글의 람다 LaMDA는 대화 실력이 너무 뛰어나 자의식까지 가지고 있다는 의혹이 제기될 정도였다. 그러나 중요한 건 각 기업들이 가지고 있는 기술 수준이 아니었다. 아무리 뛰어난 기술을 가지고 있더라도 일반 대중들에게는 매력적이지 않았다. 써보지 못하는데 어떻게 좋은 서비스인 걸 알 수 있겠는가?

아이폰이 다른 휴대폰 제조사들을 자극해 스마트폰 시대를 이끌었듯, 챗GPT의 등장은 다른 기업들을 자극하고 압박해 저마다 사람들과 대화가 가능한 생성형 AI를 출시하게 만들었다.

2023년 말 오픈AI는 한 발 더 나아갔다. 애플의 앱스토어와 유사한 GPTs를 공개한 것이다. 유료 사용자라면 누구나 GPT 빌더와의 대화를 통해 자신만의 챗봇을 만들어 스토어에 올리고, 그것을 다른 사용자들이 이용할 수 있도록 만든 생태계다(무료버전 사용자는 만들지는 못하지만 이용할 수는 있다). 앱스토어가 개발자들이 만든 앱을 전 세계에 판매할 수 있는 플랫폼이 된 것과 같다. 앱스토어 초창기에 수많은 사람들이 자신의 아이디어를 가지고 다양한 앱을 만들어 서비스했듯, 이제는 GPT에서도 아이디어만 있다면 다양한 챗봇을 만들어 서비스할 수 있는 기회가 생긴 것이다. 게다가 오픈AI는 이렇게 만들어진 챗봇을 다른 사람들이 이용할 경우

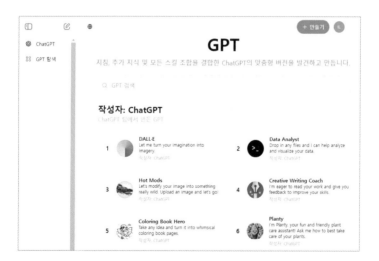

이에 따른 수익 배분도 준비 중에 있다.

수많은 개발자들과 기업들이 앱을 개발해 새로운 부를 창출했듯 이제는 챗봇의 개발이라는 새로운 기회가 다가왔다. 게다가 앱 개발은 프로그래밍 언어를 배워야 한다는 어려움이 있지만, 챗봇 개발은 어떤 서비스를 만들고 싶은지 생각하고 질문을 던지는 것만으로도 쉽게 제작할 수 있다. 상상할 수 있는 모든 것들을 만들어 낼 수 있는 새로운 시장이 열린 것이다.

2007년 아이폰이 우리의 삶을 바꾼 것처럼, 2023년 이후 챗GPT는 우리가 일하는 방식, 소통하는 방식, 나아가 생각하는 방식까지 모든 곳에서 AI와 함께하는 세상을 만들고 있다.

빅테크 기업의
생성형 AI 전쟁

03

자, 이제 기존 IT 기업들의 추적이 시작되었다. 오픈AI가 먼저 생성형 AI 시장을 열자 다른 빅테크 기업들도 발 빠르게 뛰어들었다. Part 2에서 이야기할 생성형 AI들의 다양한 활용을 위해서는 지금 빅테크 기업들에 어떤 일들이 벌어지고 있고, 어떤 AI 서비스가 있는지 알아둘 필요가 있다. 하나씩 빠르게 살펴보자.

MS '코파일럿'

가장 빠르게 움직이고 있는 곳은 마이크로소프트MS이다. 2023년
부터의 행보를 보면 MS는 마치 스타트업처럼 빠르게 움직였다.
MS의 검색엔진인 '빙'에 GPT를 붙여 바로 '빙챗Bing Chat'을 공개했
다. 대중들의 반응도 뜨거웠다. 뛰어난 대화가 가능한 챗GPT에
전 세계가 열광했는데, 여기에 검색 기능이 붙은 것이다. 마치 네
이버에서 검색을 하는데 네이버 지식인이 실시간으로 답해 주는
것과 같다. MS는 이 서비스를 오픈한 후 얼마 지나지 않아 자신들
의 인공지능 브랜드 이름을 '코파일럿Copilot'으로 결정했다. 코파
일럿은 부조종사라는 뜻으로, 두 가지 의미를 가진다. 하나는 어
디까지나 일을 하는 건 '인간'이고 자신들은 옆에서 도와주는 '부조
종사'라는 의미이며, 두 번째는 일을 주체적으로 하는 건 인간이니
자신들은 책임지지 않겠다는 뜻으로도 해석할 수 있다.

　여기에 또 승부수를 던진 건 MS 365에 적용된 코파일럿이었
다. MS를 절대 망하게 하지 않는 서비스인 파워포인트, 워드, 엑
셀에 코파일럿을 추가해 업무 효율화를 높이는 샘플 영상을 2023
년 3월 공개했고, 하반기에 본격적으로 출시했다(이 부분은 뒤에서
자세히 다루기로 한다).

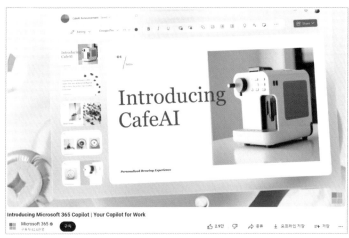

Introducing Microsoft 365 Copilot | Your Copilot for Work

구글 '제미나이'

두 번째 등장한 선수는 구글이다. 전 세계 검색량의 90% 이상을 차지하는 구글의 움직임도 바빠졌다. 'Google is Done(구글은 끝났다)'이라는 다소 공격적이었던 인디펜던스의 뉴스에 반박하듯 빠르게 '바드Bard'라는 이름의 인공지능을 발표했다. 하지만 바드의 시연 영상에서 오답을 내놓으며 주가가 7%나 급락하는 망신을 당하기도 했다. 구글은 2023년 말 '제미나이Gemini'로 인공지능 브랜드명을 바꾸고, 울트라·프로·나노 세 가지의 모델을 공개했다. 2024년 초에는 월 29,000원에 1TB의 용량도 제공하는 '구글 원 AI'

요금제를 출시하며 GPT-4와 유사한 기능의 제미나이 어드밴스드를 출시했다. 게다가 MS 365에 적용된 코파일럿처럼 구글 역시 구글 앱스(슬라이드, 문서, 스프레드시트)를 가지고 있기에 여기에도 문서 작성을 위한 인공지능을 적용했다.

2024년 초 출시된 삼성전자의 갤럭시 S24에는 제미나이가 탑재되어 간단한 동작만으로 관련 내용을 검색할 수 있는 서클 투서치Circle to Search 기능을 이용할 수 있다. 제미나이는 소프트웨어이다 보니 어떤 하드웨어에도 탑재할 수 있다. 구글의 인공지능 전략이 두려운 부분이다. 게다가 구글은 2024년 8월 AI 음성비서 '제미나이 라이브'를 정식으로 출시하며 진정한 스마트폰 속 AI 비서로의 성장을 선언했다. 2010년 안드로이드로 스마트폰 시장을 장악한 구글이 다시금 인공지능 플랫폼으로 시장을 장악하려 하고 있는 것이다.

메타 '라마'

구글의 전략을 그대로 가져가려는 회사가 있다. 바로 페이스북이이름을 바꾼 '메타'다. 메타 역시 수년간 다양한 인공지능 모델을 선보여 왔고, 그 결정체라 할 수 있는 '라마3'를 2024년 4월 공개했다. 라마3는 누구나 모델을 다운받아 PC에 설치해 사용할 수 있고, 가볍게 이용하고 싶다면 groq.com과 같은 사이트에서 사용해 볼 수 있다. 이렇게 오픈소스로 공개를 하면 처음부터 수익을 내기는 힘들다. 하지만 개발자들이 라마3를 통해 개발하는 인공지능 서비스들이 많아지고, 더 고급화된 서비스를 원할 때 상위 버전을 유료로 사용하게 만들려는 계획이라면 어떨까? 라마는 2024년 10월 기준으로 전 세계에서 4억 건이 넘게 다운로드되었고, 라마를 활용한 모델만 6만 5천 개를 넘겼다. 앞으로가 기대되는 이유다.

네이버 '하이퍼클로바X'

챗GPT로 시작된 AI 열풍이 계속되면서 국내에서도 이에 대한 반응이 뜨거워졌다. 한국형 GPT의 선두주자는 역시 네이버다. 네이버는 이미 인공지능 분야에서 발빠르게 움직이고 있었다. GPT-3가 나온 이후 하이퍼클로바라는 이름의 LLM을 만들었고, 회의내용을 자동으로 녹취 파일로 만들어 주는 클로바노트, 텍스트 입력만 해도 인공지능 더빙 목소리를 이용할 수 있는 클로바더빙, 독거노인 분들을 위한 감정 케어 서비스인 클로바케어콜 등을 서비스하고 있었다. 그리고 GPT 열풍이 한창 불던 2023년 8월 하이퍼클로바X

를 출시하고, 이어 AI 검색을 슬로건으로 건 'CUE;'를 공개했다.

애플 '시리'

애플은 생성형 AI에 대한 관심이 집중되고 있을 때 대중들의 관심을 끌 만한 별도의 서비스를 내놓지 못했다. 2023년 자체 개발한 에이젝스AJAX라는 이름의 LLM을 공개했지만 반응은 싸늘했다. 대중들의 관심은 오로지 '시리Siri'의 업데이트였다. 드디어 2024년 6월, 애플은 WWDC 2024에서 애플 생태계 전반에 걸쳐 Siri를 업데이트하겠다고 발표했다. 이어 10월 말 업데이트가 적용되기 시작했지만, 다국어 버전 지원 등 100% 연동은 조금 더 기다려야 할 것 같다.

챗GPT와의 밀접한 연동도 기대되는 부분이다. 다만 Siri가 오픈AI의 챗GPT로 바뀐 것은 아니다. 어디까지나 애플의 인공지능 비서는 Siri다. 이번 업데이트가 놀라운 건 '맥락'을 이해해서 처리한다는 데 있다. 예를 들어 '지난번 대만에서 찍은 내 사진을 보정해서 사진첩에 넣어줘'라고 이야기하면 이걸 알아듣고 실행한다. 맥락을 이해해서 다양한 동작을 실행한다는 건 우리가 원했던 내 폰 안의 비서 역할을 제대로 할 수 있음을 뜻한다.

사용자가 물어보는 내용에 대해 좀 더 자세한 답을 원한다면 챗GPT를 이용할지 선택할 수 있다. 애플의 이 전략은 Siri라는 비서를 업데이트한 후 다른 어떤 회사의 인공지능 서비스와도 연결할 수 있음을 뜻한다. 예를 들어 중국에서는 챗GPT가 아닌 바이두의 인공지능과 연결할 수 있고, 향후 제미나이와 연동이 될 수도 있다.

이외에도 수많은 인공지능 서비스들이 출시되고 있다. 2023년 하반기에는 엔트로픽에서 만든 클로드3가 새롭게 주목받았다. 클로드3를 써본 사람들의 반응은 매우 뜨거웠다. 실시간 정보검색 등 아직 불가능한 부분도 있었지만, 대화의 편의성과 자유도 등 다양한 점에서 높은 만족도를 보여줬다.

이제 챗GPT로 인해 AI의 춘추전국시대가 열렸다. 과연 누가 승자가 될 수 있을지 결과가 주목된다.

오픈AI의 혁신,
GPT-4 vs GPT-4o

04

챗GPT는 많은 사람들이 무료로 사용하고 있는 GPT-3.5 버전이다. 상위 버전인 챗GPT Plus, 즉 GPT-4는 더 많은 매개변수 Parameter를 가지고 있어 훨씬 풍부하고 정교한 응답이 가능하다. 다만 이건 월 20달러의 사용료를 내야 한다. 그럼 챗GPT Plus는 돈을 낼 만한 가치가 있는 서비스일까? 어떤 기능을 가지고 있는지 확인해 보자.

챗GPT Plus의 기능

2023년 GPT-4의 가장 눈에 띄는 업그레이드는 멀티모달 기능이었다. 특히 인상적이었던 건 '그림 그리기' 기능이다. [인공지능이 그림을 그리고 있고, 뒤에서 사람이 흐뭇하게 미소짓고 있는 모습을 그려줘]라고 요청하면 GPT-4는 요청에 맞는 그림을 생성해 낸다. 오픈AI의 또 다른 AI모델인 '달리3'와의 연동을 통해 가능해졌다. 기존에는 '대화'가 가능한 인공지능과는 대화만, '그림' 생성이 가능한 인공지능과는 그림 그리기만 가능했던 것과 다르게, 이제는 하나의 인공지능으로 모든 것을 다할 수 있게 업그레이드되었다.

DALL·E ⌄

I've added a young boy seated attentively to the scene, enhancing the cozy and heartwarming atmosphere of the musical performance.

인공지능이 그림을 그리고 있고, 뒤에서 의자에 앉아 있는 사람이 흐뭇하게 미소 짓고 있는 모습

Here are the images showcasing a futuristic scene where an AI is creating art, observed contentedly by a person seated behind. The blend of technology and human emotion in these visuals celebrates the harmony between human creativity and artificial intelligence.

또 하나 놀라운 기능은 '사진 업로드' 기능이다. 카메라로 앞에 있는 사물을 찍어서 업로드한 후 바로 GPT-4와 그 사진을 바탕으로 대화를 나눌 수 있다.

그리고 반드시 써봐야 하는 기능이 있다. '보이스챗'이다. 스마트폰에서 챗GPT 앱을 실행한 후 오른쪽 하단의 헤드폰 모양을 누르면 음성으로 대화를 주고받는 게 가능하다.

오픈AI의 혁신은 여기서 그치지 않았다. 2024년 초 'Sora'라는 이름의 텍스트-투-비디오Text-To-Video AI모델이 공개되었다. 사용자가 텍스트를 입력하면 Sora는 그에 맞는 영상을 생성해 낸다. **[비 오는 날 거리를 걷는 여성, 바닥에 비치는 모습]**이라고 입력한 프롬프트에 Sora는 매우 사실적인 영상을 만들어 냈다. 이런 영상들을 기존의 방식대로 작업했다면 엄청난 시간과 비용이 소요될 것이다.

Prompt: A stylish woman walks down a Tokyo street filled with warm glowing neon and animated city signage. She wears a black leather jacket, a long red dress, and black boots, and carries a black purse. She wears sunglasses and red lipstick. She walks confidently and casually. The street is damp and reflective....

GPT-4o의 등장

2024년 5월 새로운 모델 GPT-4o가 공개됐다. 여기서 o는 옴니^{omni}라는 뜻으로, '무엇이든 가능한'이란 의미를 가지고 있다. GPT-4에 비해 더 빠르고 더 풍부한 대화가 가능한데, 앞서 이야기한 보이스챗 기능과 사진 인식 기능이 업데이트되며 완전히 달라졌다.

공개된 영상에서는 카메라를 켜고 앞에 있는 강아지를 보여주면 놀라울 정도로 풍부한 목소리로 강아지를 귀엽다고 말한다. 이런 보이스챗 기능은 2023년 말부터 적용되었는데, 여기서의 핵심은 진짜 사람처럼 풍부한 감정을 담은 대화(고급 음성인식 모드)가 적용되었다는 점이다. 카메라 기능도 크게 업데이트되었는데, GPT-4o는 정지된 사진을 넘어 카메라를 켠 상태에서 현실세계를 인식해 끊임없이 사용자와 대화를 나눌 수 있다. 멋진 사용 예도 공개됐다. 시각장애인이 눈앞에 스마트폰을 비추면 GPT-4o는 실시간으로 눈앞에 무엇이 보이는지를 설명해 준다. 심지어 저 멀리 다가오는 택시를 인식해 멈추려면 손을 들라는 즉각 반응과 대응이 필요한 사항도 알려준다.

게다가 GPT-4o의 모든 기능은 사용량에 제한은 있지만, 무료 사용자도 일정 정도 이용할 수 있다. 즉, GPT-4o를 사용하다 보면 일정한 대화량 이후 기능이 일시적으로 멈추고, 4~5시간 후에 다

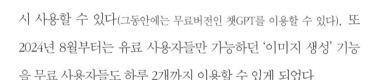

시 사용할 수 있다(그동안에는 무료버전인 챗GPT를 이용할 수 있다). 또 2024년 8월부터는 유료 사용자들만 가능하던 '이미지 생성' 기능을 무료 사용자들도 하루 2개까지 이용할 수 있게 되었다.

구글 제미나이의 반격

오픈AI가 GPT-4o를 발표한 시점은 공교롭게도 구글의 I/O 2024 행사가 있기 하루 전이었다. 구글에서 새로운 모델을 발표하기 전에 김 빼기 작업이었을 거라는 예측이 일반적이다. 하지만 구글은 역시 구글이었다. 구글이 발표한 AI의 기능 역시 대단했다.

오픈AI의 Sora에 맞서는 Veo를 공개하며 Text-To-Video 시장에 진입을 선언했다. Project Astra도 발표했는데, 안드로이드폰에서 카메라를 실행한 후 앞을 비추면 현실세계를 인식한 인공지능과 끊임없이 이야기를 나누는 모습이 인상적이었다. 여기까지는 오픈AI에서 발표한 기능과 비슷했지만, 구글은 한 발자국 더 나아가 현실세계를 비추는 카메라 위에 화살표를 그려서 특정 부분을 표시하면 그 부분을 인공지능이 답해 주는 기능까지 구현했다. 게다가 스마트 글래스를 쓰면 굳이 스마트폰을 들고 있지 않아도 사용자가 보는 시선 그대로 인공지능에게 보내서 이야기를 나눌 수 있었다. 구글 글래스의 부활을 알리는 것 같았다. 그동안 잊혀졌던 VR과 AR, 진짜 메타버스에 생성형 AI가 적용되면 우리는 지금과 좀 더 다른 세상을 살게 될 것이다.

구글은 2024년 9월, 챗GPT의 고급 음성인식 모드에 대응하는 실제 사람과 비슷한 목소리의 제미나이 라이브 기능을 모든 안드로이드폰 사용자에게 확대 적용했다. 더 자연스러운 인공지능 비서와의 대화의 시대가 열린 것이다.

챗GPT의 한계

05

AI는 분명 강력한 도구이지만, 만능은 아니다. 챗GPT를 사용하다 그만둔 사람들의 이유를 들어보면 '멍청하다' '내가 더 글을 잘 쓴다' '왜 써야 하는지 모르겠다'고 말한다. 그런데 AI가 만족스러운 답변을 주지 못했다면, 질문을 제대로 하지 않았을 가능성도 있다. AI에게 실망하기보다, 먼저 AI가 할 수 있는 일을 정확히 파악하고 제대로 된 질문을 던져야 한다.

다음은 챗GPT 무료버전에서 할 수 없는 내용들이니 참고하기 바란다(이는 챗GPT뿐만 아니라 생성형 AI 무료버전 대부분이 해당한다고 보면 된다).

현재 상황 인지의 한계

챗GPT 무료버전이 할 수 없는 대표적인 일 중 하나는 현재 상황에 대한 정보 제공이다. 오늘 날짜 기준 삼성전자의 주가를 물어보면 정확한 답변을 하지 못한다. 그 이유는 학습된 데이터가 2022년 1월까지로 한정되어 있기 때문이다(이는 업데이트로 변경될 수 있다). 실시간 데이터 수집이 아닌, 학습된 데이터를 바탕으로 생성하는 AI의 특성상 어쩔 수 없는 한계다. 그렇다고 멍청한 건 아니다. 예를 들어 천재 학생이 있는데 2022년까지만 공부를 하고 그다음은 공부를 안한 것과 같다. 그래도 머리가 좋은 친구이기에 현재 상황을 알려주고 질문을 하면 이에 대한 영리한 답변을 들을 수 있다.

근거 제시의 어려움

두 번째 한계는 정보의 출처나 근거를 명확히 밝히지 않는다는 점이다. 가령 챗GPT에게 독도가 한국 땅임을 설명해 달라고 하면 훌륭한 답변을 들을 수 있다. 그러나 그 내용의 근거가 어디인지는 정확히 알려주지 못한다. 그래서 책이나 논문, 보고서 등에 AI가 생성한 내용을 그대로 인용하기에는 아직 무리가 있다. 주장에서 가장 중요한 건 '참고자료Reference'인데, 이 부분을 믿을 수 없기 때문이다.

사실과 다른 환각 현상

마지막으로 가장 우려되는 건 '할루시네이션Hallucination', 즉 환각 현상이다. [이황의 광선검에 대해 알려 줘]라고 하면 AI는 그럴듯한 내용을 생성해 낸다. 하지만 이 내용은 사실무근의 허구다. 언어 생성에 초점을 맞춘 AI모델의 특성상, 자신이 알고 있다고 착각하고 말을 지어내기 때문이다. 따라서 AI가 제공하는 정보에 대해서는 지속적인 사실관계 확인이 필수적이다.

이황의 광선검에 대해 알려 줘

이황의 소설 "광선검"은 현대 한국 문학의 중요한 작품 중 하나로, 독특한 소재와 신선한 접근법으로 주목받고 있습니다. 이 소설은 SF 장르에 속하며, 미래의 기술과 인간의 관계를 탐구하는 이야기를 다룹니다. 작품의 주인공은 광선검이라는 고도의 기술이 발달한 세계에서 살아가며, 이를 통해 자신의 능력을 극대화하고 다양한 도전에 맞서 싸우며 성장해 나갑니다.

"광선검"의 주요 테마는 기술과 인간, 자아 발견, 그리고 미래 사회입니다. 소설은 첨단 기술이 인간의 삶에 미치는 영향을 중심으로 전개되며, 주인공이 광선검을 통해 자신의 잠재력을 발견하고 진정한 자아를 찾아가는 과정을 그립니다. 또한 고도로 발달된 기술이 지배하는 미래 사회의 모습을 묘사하면서, 그로 인한 사회적, 윤리적 문제를 제기합니다.

이황의 "광선검"은 미래에 대한 비전을 제시하면서도 현재의 문제를 반영하며, 독자들에게 기술 발전이 가져올 수 있는 다양한 가능성과 도전에 대해 생각해보게 합니다. 흥미로운 서사와 철학적 성찰을 결합한 이 작품은 독자들에게 깊은 인상을 남깁니다.

보완되고 있는 한계들

다행히 이런 한계들은 점차 개선되고 있다. GPT-4, 구글 제미나이, MS 코파일럿, 네이버 하이퍼클로바X 등 차세대 모델들은 더 많은 매개변수를 사용해 정확도와 활용도를 높이고 있다. 그럼에도 불구하고 AI의 답을 100% 신뢰해선 안 된다. 우리가 인터넷상의 모든 정보를 그대로 믿지 않듯이 아직까지는 사실관계에 대한 크로스체크가 필요하다.

2장

일 잘하는 사람의
AI 업무법

일 잘하는 사람의
변하지 않는 본질

01

일을 잘한다는 것은 결국 일, 그 자체에 답을 두고 있다. 도구는 시대에 따라 변하지만, 일 잘하는 사람의 본질은 변하지 않기 때문이다. 예를 들어 코로나 팬데믹 상황에서 많은 사람들이 재택근무를 경험했다. 초기에는 '직원들이 집에서 과연 일을 잘할 수 있을까?'라는 우려가 지배적이었다. 그러나 시간이 지나며 경영진과 관리자들은 중요한 사실을 깨달았다. 일 잘하는 사람은 어디에 있든 알아서 일을 잘해 낸다는 것이다. 이것이 바로 핵심이다.

그렇다면 일 잘하는 사람들의 변하지 않는 본질은 무엇일까? 보통 직무수행에 필요한 요소를 KSA, 즉 지식Knowledge, 기술Skill,

태도Attitude라고 한다. 그리고 이 중에서 가장 중요한 건 '태도'다. 인공지능을 비롯해 다른 업무를 위한 도구들의 활용은 '기술'에 불과하다. 결국 일 잘하는 사람들의 가장 기본적인 본질은 '태도'에 달려 있다.

일 잘하는 사람의 3가지 특징

태도가 기본이 된 상태에서 일 잘하는 사람들은 다음 3가지 특징을 가지고 있다. 우리도 이 특징을 가져보자.

첫째, 목표지향적이다. 주어진 업무의 본질을 꿰뚫어 보고, 최선의 결과를 내기 위해 집중한다. AI를 활용할 때도 마찬가지다. AI에게 어떤 질문을 던져야 원하는 답을 얻을 수 있을지 고민한다.

둘째, 유연하고 적응력이 뛰어나다. 새로운 도구가 등장하면 주저 없이 받아들이고 자신의 것으로 만든다. AI가 가진 잠재력을 최대한 끌어내기 위해 노력한다.

셋째, 끊임없이 학습한다. 변화의 흐름을 읽고 적극적으로 새로운 지식을 습득한다. AI와 관련된 최신 트렌드와 활용 사례를 놓치지 않고 학습한다.

AI시대에 살아남는 법

AI시대에 살아남는 법은 간단하다. 일의 기본기를 탄탄하게 가지면 된다. 일 잘하는 사람의 기본기가 흔들리지 않는 한 AI는 우리에게 위협이 아닌 기회가 될 것이다. 인간과 AI가 협업하는 새로운 업무방식, 그것이 우리가 준비해야 할 미래의 모습이다. MS의 AI '코파일럿'이라는 이름처럼 일과 생활에서 어디로 가야 할지 방향을 결정하고 운전대를 잡는 사람은 바로 우리 인간이어야 한다.

변화를 두려워하지 말자. 본질에 충실한 사람만이 어떤 도구가 등장하든, 어떤 환경에 놓이든 꿋꿋이 자신의 가치를 증명해낼 수 있을 것이다.

언제나 변하지 않는
업무의 본질

02

변화무쌍한 세상 속에서도 변하지 않는 것이 있다. 우리는 그것을 '본질'이라고 부른다. 업무에 있어서도 마찬가지다. 시대가 바뀌고 기술이 진보해도, 결코 변하지 않는 업무의 본질이 있다. 그것은 바로 '수집, 정리, 발산'이라는 3단계 업무 프로세스다.

모든 일은 수집과 발산의 과정이다

모든 업무는 크게 수집Input과 발산Output, 즉 입력과 출력으로 나뉜다. 그런데 이때 많은 직장인들이 발산(출력)부터 시작하는 실수를 범한다. 이메일을 보낼 때는 작성 버튼부터 클릭하고, 보고서를 쓸 때는 새 문서부터 열고, 중요한 문의를 할 때는 무작정 전화부터 거는 식이다. 하지만 막상 딱딱한 키보드 앞에 손을 올리고 나면, 머릿속이 하얗게 변한다. 도대체 무슨 말을 어떻게 해야 할지 혼란스럽기만 하다.

이런 상황을 피하려면 '정리'라는 중간 단계가 필수다. 무엇을 어떤 식으로 전달할지, 가장 효과적인 방식은 무엇일지 잠시 멈춰 생각해 봐야 한다. 이메일의 핵심 메시지를 어떻게 강조할지, 보고서의 구성을 어떻게 짜야 할지 먼저 머릿속으로 그려보는 것이다.

이 간단한 정리의 과정이 발산의 질을 좌우한다. 제대로 된 정리없이 화려한 비주얼에만 공을 들이는 건 시간낭비다. 정작 전달하고자 하는 메시지가 빈약하면, 아무리 멋진 PPT 장표라 해도 의미가 없다.

일단 모으자. 수집!

그런데 왜 많은 사람들이 제대로 정리를 못하는 걸까? 그건 수집이 부실하기 때문이다. 자기소개서를 예로 들어보자. 설득력 있는 자기소개서를 쓰려면 먼저 자기 자신에 대한 풍부한 정보와 에피소드가 있어야 한다. 그런 자료들이 사전에 수집되고 체계적으로 정리되어 있어야만 비로소 명확한 자기소개서를 쓸 수 있다.

업무상 글쓰기도 마찬가지다. 글감이 없으면 글이 나오지 않는 법이다. 평소 아이디어와 자료를 꾸준히 수집하고 정리하는 습관이 밑바탕이 되어야, 비로소 의미 있는 문서 작업이 가능해진다. 스티브 잡스는 '창의성이란 단지 사물을 연결하는 것'이라고 말했다. 그런데 연결할 사물, 즉 수집이 부실하면 어떤 창의성을 기대할 수 있겠는가?

AI시대에도 변하지 않는 진리

우리가 AI를 비롯한 스마트한 서비스들의 도움을 받는 것도 이와 다르지 않다. 결국 중요한 건 내가 필요로 하는 일의 어떤 부분을 AI의 도움으로 보완하고 강화할 수 있느냐다. 이를 위해서는 업무 프로세스 각 단계에서 AI를 전략적으로 활용하는 노하우가 필요하다.

'수집' 단계에선 AI를 통해 방대한 데이터와 정보를 효율적으로 모을 수 있다. '정리' 단계에선 AI가 데이터를 분석하고 인사이트를 도출하는 데 도움을 줄 수 있다. 그리고 '발산' 단계에선 AI가 문서 작성, 프레젠테이션, 의사소통 등을 보조할 수 있다. 중요한 건 이 모든 과정의 중심에 '나'와 '업무의 본질'이 있어야 한다는 점이다.

앞으로 우리가 어떤 자리에서 어떤 일을 하든 '수집-정리-발산'이라는 3단계 업무 프로세스를 기억하자. 본질에 충실할 때 AI는 비로소 강력한 도구가 되어줄 것이다.

AI의 시대, 놓치지 말아야 할
3가지 역량

03

회사에서는 크고 작은 문제들이 끊임없이 발생한다. 가령 일을 하다 어떤 사고가 터졌다고 가정해 보자. 이런 상황에서 어떤 이들은 '누가 그랬어?'부터 따진다. 반면 또 다른 이들은 '어떻게 해결해야 하지?'를 먼저 고민한다. 물론 사고의 원인과 책임을 따져 재발을 방지하는 것도 중요하다. 하지만 그에 앞서 당면한 문제를 해결하는 게 우선이다.

문제정의력

문제를 해결하기 위해서는 먼저 '문제정의'가 필요하다. 이는 문제의 본질이 무엇인지 정확히 짚어내는 능력이다. 예를 들어 제조업체에서 불량품이 늘어났다고 치자. 겉으로 보기에는 작업자들의 부주의가 원인으로 보일 수 있다. 하지만 꼼꼼히 살펴보면 노후한 설비, 부실한 원재료, 불합리한 작업공정 등 복합적인 요인이 얽혀 있음을 발견할 수 있다. 이처럼 문제를 제대로 정의해야만 정확한 해법을 찾을 수 있다.

문제해결력

문제가 무엇인지 알았다면 이제 해결방안을 찾아야 한다. 앞서 말한 제조업체라면 설비 점검 및 교체, 원재료 공급처 변경, 작업 매뉴얼 정비 등을 신속히 실행에 옮겨야 한다. 문제해결은 속도가 관건이므로, 이 단계에서는 개인에게 책임을 떠넘기기보다 모두가 함께 역할을 분담하고 협업하는 게 효과적이다. 때로는 AI와 같은 도구를 활용해 업무를 자동화하는 것도 좋은 방법이다.

질문력(가설력)

문제를 해결할 때 가장 중요한 것은 '질문력'이다. 이는 '가설력'이라고도 표현할 수 있다. '이렇게 하면 어떻게 될까?' '저렇게 하면 어떤 결과가 나올까?'처럼 끊임없이 생각하고 가설을 세우며 질문을 던지는 것이다. 이런 능력은 하루아침에 생기지 않는다. 회사에서 오랜 시간 경험을 쌓은 임원진이나 CEO, 그리고 사장님들이 위기나 기회의 순간에 탁월한 통찰을 보여준다.

세 가지 역량을 꾸준히 키우자

지금 일이 잘 풀리지 않는다면 이 세 가지 역량 중 어느 부분이 부족한지 돌아볼 필요가 있다. 특히 해결책을 상상하는 질문력만큼은 AI가 대체하기 어려운 영역이다. 우리는 AI를 활용할 때 프롬프트Prompt, 즉 질문을 잘 던지는 게 중요하다고 말한다. 그런데 생각해 보면 프롬프트 자체가 결국은 질문력 아닌가? 날카로운 질문, 제대로 된 질문을 던질 줄 아는 사람이 AI를 가장 효과적으로 활용할 수 있는 것이다.

물론 문제정의력과 문제해결력도 간과할 순 없다. 결국 이 세

가지 역량이 바탕이 될 때 비로소 우리는 어떤 문제에도 흔들리지 않는 '일 잘하는 사람'이 될 수 있다. 눈앞의 처방에 급급할 게 아니라 문제의 근원을 꿰뚫어 보는 눈, 해결책을 신속히 찾아 실행하는 추진력, 그리고 새로운 가능성을 끊임없이 상상하는 창의력, 이것이 AI시대를 이끌어갈 핵심역량이다.

모르는 내용은 항상
AI에게 재확인하자

04

우리는 모두 각자 하는 일에 있어 전문가다. 회사에서 어떤 일을 하든, 아직 취업 준비생이든, 학생이든 각자의 역할을 충실히 하고 있다. 학생은 자신이 하는 공부에 있어 전문가일 거고, 아르바이트 중이라면 자신이 하는 일에 대해 전문가가 되고 있는 중이다.

우선 회사 일에 한정지어 보자. 마케팅 담당이라면 그 부서에 계속 있으면 한 해 한 해가 지나며 점점 업무에 익숙해진다. 하지만 전문성이 커지다 보면 어느새 섣부른 지식에 자만하거나 게을러질 수 있다. 이때 꾸준하게 전문성을 유지하기 위해서는 끊임없이 묻고 질문하는 힘이 필요하다.

이제 생성형 AI를 항상 곁에 두고 간단한 내용이라도 모르거나 헷갈리는 게 있다면 '질문하기'를 생활화하자. 과거 구글, 네이버가 등장했을 때에는 '검색형 인간'이라는 말이 있을 정도로, 궁금한 것을 검색하면 누군가가 답해 놓은 지식에 빠르게 접근할 수 있었다. 하지만 이제는 '검색의 시대'에서 생성형 AI에게 질문하면 되는 '질문의 시대'가 되었다.

어떤 AI에게 어떻게 물어봐야 할까?

AI마다 각각의 특징이 있다. 물론 사용하는 사람마다 다르니 여기서의 분류는 필자가 그동안 다양한 AI를 써보면서 얻은 지극히 개인적인 평가라는 점을 참고하자.

챗GPT는 실리콘밸리에서 만난 후드티 입은 똑똑한 친구다. 굉장히 영리한 친구가 재치도 있고 친절하다. 자신만의 원칙이 있어서 처음에는 잘 대답해 주지 않지만 구체적으로 부탁하면 못 이기는 척하고 최선을 다해 질문에 답해 준다. 최대한 이해하기 쉽게 설명해 주고, 마치 친구와 대화하는 것처럼 대화체로 편하게 이야기해 준다.

같은 GPT 엔진을 쓰는 MS의 코파일럿은 어떨까? 코파일럿은

'부조종사'라는 이름을 가지고 있듯이 처음 일을 하는 신입이 아니라 전에 만난 후드티를 입었던 똑똑한 친구가 대기업에 입사한 느낌이다. 일을 시키면 시킨 일만 하는 게 아니라 자료를 조사해 간략히 설명해 준다. 게다가 더 궁금해할 만한 질문을 3가지 정도 예시로 알려주며 대화를 이어가려고 한다. 대신 대기업에 입사했으니 자유도가 적어져 분명히 잘 알고 있는데도 불구하고 대답하지 않으려는 한계점도 있다.

구글의 제미나이는 어떨까? 영화 〈인턴〉에 나오는 은퇴 후 스타트업에 재입사한 주인공처럼 아는 게 너무 많은 직원을 떠올리면 된다. 질문을 던지면 친구처럼 대화체로 시작하는 게 아니라 질문 내용에 대해 전문가처럼 꼼꼼하게 정리해 준다. 장점과 단점, 예시까지 딱딱 정리한 후 굵은 글씨로 강조하고 행간을 나누며 이메일로 보고자료까지 써준다.

네이버의 하이퍼클로바X도 천재 직장인이다. 다만 뭔가 보안의식이 강한 직장인의 느낌이다. 사용자가 원하는 질문에 답을 해주면서도 자신이 정한 원칙에 따라 답을 애매하게 하거나 못해 주는 경우가 있다.

하지만 모두 일정 수준 이상 답변을 잘해 준다는 공통점을 가지고 있다. 따라서 각각의 AI에게 질문을 던져보면서 자신에게 맞는 AI를 찾아보자. 이때 두 가지를 염두에 두고 질문을 해보자.

생성형 AI를 제대로 활용하는 방법

첫째는 생성형 AI의 가장 큰 차이점은 '실시간 정보 접근'이 가능하냐의 여부이다. '실시간 정보 검색'이 중요하다면 제미나이와 코파일럿, GPT-4를 추천한다. 이들 모두 무엇을 물어봐도 정확한 답을 해주고 참고자료에 쓸 수 있는 URL 주소까지 함께 알려준다. 다만 정확한 주소가 아닌 경우도 있으니 주의할 필요가 있다. 제미나이는 답변 하단에 'G'를 누르면 스스로 검토 후 정확한 URL 주소가 아니라면 '!'로 표시해 준다. 따라서 정확한 URL 주소가 필요하다면 코파일럿을 추천한다.

둘째는 당신이 이해할 수 있을 때까지 '쉽게' 알려달라고 요청하는 것이다. 예를 들어 [초전도체에 대해서 알려줘]라고 챗GPT에게 물어보자.

ⓖ ChatGPT

초전도체는 매우 낮은 온도에서 전기 저항이 사라지는 현상을 나타내는 물질입니다. 이러한 물질들은 일반적으로 극저온 상태에서만 이러한 특성을 나타내며, 이 온도를 "초전도 임계 온도"라고 합니다.

초전도체의 가장 잘 알려진 예는 특정 금속 합금이나 화합물입니다. 대표적인 초전도체로는 NbTi(니오븀-티타늄), Nb3Sn(니오븀-스노우든), YBCO(이트륨 바륨 구리산화물) 등이 있습니다.

초전도체의 주요 특성은 다음과 같습니다:

1. **저항이 사라짐**: 초전도체는 일정한 임계 온도 이하에서 전기 저항이 사라집니다. 이것은 전기가 임계 온도 이하에서 저항 없이 흐를 수 있음을 의미합니다.
2. **완전한 메자현상**: 초전도체는 자기장을 통과할 때 완전한 메자 현상을 나타냅니다. 이것은 자기장이 초전도체 내에서 움직이면 전기가 발생하여 자기장을 뒤로 밀어낸다는 것을 의미합니다.
3. **포화 자기화**: 초전도체는 특정 자기장에 노출되면 일정한 자기화률까지만 자기화됩니다. 이를 포화 자기화라고 합니다.

챗GPT가 바로 자세하게 알려주기는 하지만 내용이 어렵다. 이럴 때는 '쉽게 다시 설명해 달'고 해야 한다. 다만 '쉽다'는 건 누구의 기준인가? 이 부분이 중요하다. '쉽다'는 기준은 질문을 하는 '우리'가 기준이 되어야 한다. 그냥 '쉽다'라고만 하면 GPT는 이해하지 못한다. 그러니 이왕이면 [위 내용을 초등학생, 10살 아이가 이해할 수 있게 알려줘]처럼 구체적으로 다시 질문해 보자.

ChatGPT

초전도체는 아주 낮은 온도에서 특별한 물질이 전기를 통해 흐를 때 아주 특별한 일이 일어나요. 온도가 낮아야 하고요, 그런 특별한 물질을 만들어서 전기를 흘려보면 전기가 아주 잘 흐르게 되어요. 그래서 그 물질을 만들어 놓고 전기를 보내면 저항이 거의 없어요. 즉, 전기가 흐를 때 길이를 거의 걸지 않게 되는 거예요.

그리고 그 특별한 물질을 만들면서 그 물질이 자기를 특별한 방법으로 행동해요. 자기를 통과하는 자기장을 만나면 그 물질이 자기를 다시 밀어낸다고 생각하면 돼요. 이게 초전도체의 특별한 특성 중 하나에요.

이렇게 특별한 물질은 의학이나 과학 연구에 도움을 주거나 전기를 저장하는데 쓰여요. 예를 들어 MRI라는 검사에서 사용되기도 해요. 그래서 이 특별한 물질을 이용해서 다양한 일을 할 수 있어요.

이렇게 질문을 바꾸니 조금은 쉽게 이해할 수 있게 되었다. 하지만 그래도 어렵다. 강의를 잘하는 사람이나 글을 잘 쓰는 사람들, 남을 잘 설득하는 사람들에게는 공통점이 있다. 바로 '비유'와 '예시'다. [초전도체에 대해서 10살 아이가 이해할 수 있게 '비유'와 '예시'를 들어서 쉽게 설명해 줘]처럼 예시를 들어 달라고 하면 더 쉽게 이해할 수 있다.

ChatGPT

초전도체는 전기가 흐르는 데에 엄청나게 잘 되는 물질이야. 비유를 들자면, 초전도체는 마치 자전거를 타고 미끄러져 내려가는 경사를 생각해봐. 그 경사는 전기가 흘러가는 길이고, 자전거가 매끄럽게 미끄러져 내려간다는 건 전기가 흐르는 거야. 이때, 초전도체는 마치 그 경사가 완벽하게 매끈해서 자전거가 아무 노력 없이도 빠르게 내려가는 것과 같아. 이 매끈한 경사는 전기가 잘 흐르도록 도와주는 초전도체의 특성을 나타내는 거야.

예를 들어서, 아이들이 흔히 눈썰매를 타면서 느끼는 쾌감을 생각해봐. 눈 위를 미끄러져 내려가면서 재미를 느끼는 것처럼, 초전도체는 전기를 흘려보낼 때 아주 쉽고 재미있게 전기를 통과시킬 수 있어. 이렇게 초전도체는 전기를 흐르게 하는데 아주 효율적이고 빠르게 도와주는 물질이라고 할 수 있어.

우리가 잊지 말아야 할 것은 내가 이해할 수 있을 때까지 반복적으로 물어보는 것이다. '미국 11월 대선을 앞두고 파월 금리 인하, 운신의 폭 좁아져'라는 제목의 경제신문을 읽다가 '미국의 금리 인하가 우리나라에는 어떤 영향을 미칠까?' '우리 기업에는 어떤 영향을 가져오게 되지?'라는 궁금증이 생긴다면 바로 AI에게 물어보자. 질문을 던지고 답을 얻을수록 당신이 궁금했던 지식은 더 단단하게 연결되어 아이디어로 이어질 수 있다.

이론적인 내용은 여기까지다. 이제 업무시간을 반으로 줄이는 AI 활용법을 바로 시작해 보자.

PART
2

업무시간을
반으로 줄이는
실전
AI 활용법

1장

정보 수집의 기술

정보 수집의 기본

직장인에게 가장 강력한 무기는 무엇일까? 나는 단연 '정보'라고 생각한다. 어떤 분야에서든 1~2년 이상 일하다 보면 자연스럽게 그 분야의 업무와 이슈에 익숙해지게 된다. 익숙해진다는 것은 다른 사람들이 오랜 시간 파악해야 할 내용을 단번에 이해할 수 있는 정보가 쌓여 있다는 의미이기도 하다.

정보가 주는 힘

예를 들어 '반도체 공장 미국 이전'이라는 기사가 났다고 가정해 보자. 반도체 업계에 종사하는 사람이라면 이 내용이 자신의 회사에 어떤 영향을 미칠지, 어떻게 대응해야 할지 즉시 파악할 수 있을 것이다. 호재일까, 악재일까? 위기일까, 기회일까? 업계에 대한 정보와 통찰이 있다면 그 답을 신속히 도출해 낼 수 있다. 다른 업계에 있는 사람들은 쉽게 이해하지 못하는 내용을 한번에 파악할 수 있는 '정보의 힘'이 있기 때문이다.

그런데 많은 직장인들이 정작 자신이 가진 정보의 힘을 간과하고 있다. 자신이 오랜 시간 경험을 통해 축적한 전문지식과 인사이트를 제대로 수집·정리하지 않고, 새로운 아이디어와 인사이트를 외부에서 혹은 전혀 다른 영역에서 찾으려 한다.

정보 수집에 AI가 필요한 이유

그렇다면 어떻게 해야 정보를 제대로 수집할 수 있을까? 무엇보다 중요한 것은 수많은 신호와 잡음 중에서 가치 있는 신호를 골라내는 안목이다. 온라인상에는 셀 수 없이 많은 정보가 넘쳐난다. 하지만 그중 상당수는 불필요한 잡음에 불과하다. 내게 정말 필요한 정보, 업무에 도움이 되는 정보를 선별해 내는 눈을 길러야 한다. 이를 위해서는 내 업무에 필요하거나 내가 관심 있는 키워드만을 골라서 받아볼 수 있는 정보시스템을 구축해야 한다.

이렇게 수집한 정보가 나만의 인사이트로 자리 잡기 위해서는 제대로 이해하는 능력이 필요하다. 가장 조심해야 할 시기가 직장생활 1~2년 차와 7년 차 이상이다. 1~2년 차 정도가 되면 업무를 어느 정도 알 수 있기 때문에 대략적으로 일이 돌아가는 흐름이 파악된다. 이때 업무에 대해 꼼꼼하게 이해하고 확인하는 습관을 가지지 않으면 대충 알고 넘어가는 습관이 생기기 쉽다. 7년 차 이상도 마찬가지다. 고참이 되면 자칫 수많은 정보와 고집으로 인해 잘못된 판단을 내리기 쉽다. 또 새로운 용어나 새로운 정보에 대해 자신보다 연차가 적은 후배들에게 물어보기 민망하기 때문에 어물쩍 넘어가려는 경향도 있다.

그래서 이 연차의 사람들이라면 꼭 AI를 곁에 두고 활용하기 바란다. 챗GPT와 대화를 하면서 누구에게 묻기 어려웠던 지식의 구멍을 채우는 습관을 가져야 한다. 그럼, 이제 생성형 AI로 뉴스를 수집하고 검색하며 나만의 뉴스레터를 만드는 방법을 함께 실습해 보자.

'뉴스봇 AI'로
관심 뉴스 수집하기

02

내가 원하는 정보를 수집하는 가장 좋은 방법은 원하는 정보들이
온라인에 올라올 때마다 바로 받아볼 수 있게 '키워드 알림'을 걸어
놓는 것이다. 가장 쉬운 방법으로 카카오톡에서 바로 사용 가능한
'뉴스봇' 서비스를 알아보자.

1 카카오톡을 실행한 후 오른쪽 위 상단의 '친구찾기(돋보기)' 아
   이콘을 눌러 '뉴스봇'을 검색해 친구 추가를 하자.

2   이제 뉴스봇 채팅방에 들어가 원하는 '키워드'를 입력하면 된
다. 예를 들어 '휴머노이드'라고 입력하면 휴머노이드에 대한
기사들을 볼 수 있다. 원하는 시간에 톡으로 받아보기 위해서
는 뉴스기사 하단의 '알림 받기'를 신청하면 원하는 시간에 관
련 기사를 톡으로 받아볼 수 있다.

3 키워드는 무제한이 아니고, 최대 5개까지로 제한되어 있다. 너무 많은 키워드를 적용하면 '스팸'이 되는 걸 방지하기 위함으로 보인다. 5개의 키워드는 언제든 변경이 가능하다.

4 관심 있는 키워드를 등록해 두고 매일 출퇴근길 뉴스봇에게 뉴스 알림을 받아보는 습관을 들여 보자. 앞으로는 더 많은 뉴스 자동수집 서비스들이 등장할 것이니 미리 사용해 보며 익숙해지도록 하자.

뉴스 키워드를 제대로 활용하는 방법

키워드를 등록할 때에는 꼭 다음의 내용을 포함하도록 하자.
1) 자신이 다니는 회사명 : 회사에 다니다 보면 본인의 회사에 무슨 일이 있는지 잘 모르는 경우가 많다. 본인 회사의 최신 뉴스를 확인하자.
2) 경쟁회사 : 경쟁사 몇 곳을 등록해 두고 그때그때 관련 소식을 확인하면 이슈가 있을 때가 아니더라도 경쟁사 동향을 항상 파악할 수 있다.

이렇게 자사와 경쟁사의 정보를 매일같이 습득하면 업계의 전반적인 분위기를 빠르게 파악할 수 있다. 이를 통해 앞으로 다가올 기회와 위기의 순간도 남들보다 빠르게 확인할 수 있다. 생각해 보자. 다음 주까지 전략 자료를 발표해야 해서 부랴부랴 과거의 데이터를 뒤져보는 것과 매일같이 조금씩 관련 동향을 지켜보며 정리해 놓는 것 중 어떤 방법이 더 도움이 될까?

퍼플렉시티로
최신 뉴스 수집하기

03

우리는 보고서나 업무 자료를 만들 때 자신의 의견과 주장을 담는다. 이때 내 주장이 지지를 받기 위해서는 확실한 '근거자료'가 필요한데, 아쉽게도 챗GPT, 코파일럿, 제미나이 등의 AI에게 이 부분을 도움받기가 불안하다. AI가 제시하는 내용이 그럴싸하게 보이기는 하지만, 출처 및 근거가 빈약하기 때문이다.

이럴 때는 고민하지 말고, 확실하게 근거자료를 제시해 주는 '퍼플렉시티Perplexity'를 이용해 보자. 퍼플렉시티는 무료버전의 경우에도 출처를 기반으로 제대로 된 정보검색을 해주는 게 특징이다.

1 퍼플렉시티https://www.perplexity.ai/에 접속해 로그인을 한다(스마
   트폰에서 퍼플렉시티 앱을 다운로드 받아도 된다). 첫 화면의 왼쪽 상
   단에 '새로운 쓰레드'라는 문구가 있는데, 이는 챗GPT의 '새로
   운 대화창'과 같다. 그 아래의 '홈'을 누르면 메인 화면으로 다
   시 돌아온다.

2 '발견하기' 메뉴는 흥미로운 최신 토픽들에 대해 모아놓은 곳
   으로, 마치 네이버의 첫 화면이나 뉴스 페이지의 첫 화면처럼
   구성되어 있다.

3 '도서관' 메뉴는 지금까지 퍼플렉시티와 대화한 내용들이 쌓여 있는 공간이다. 어떤 주제에 대해 심도 깊게 꼬리에 꼬리를 무는 확인을 '스레드'라 하며, 이 스레드들은 '+' 버튼을 눌러 컬렉션에 추가하거나 다시 찾아볼 수 있도록 '북마크'에 저장할 수 있다(폴더 만들기와 바로가기 만들기를 생각하면 쉽다). 이처럼 챗GPT와 다르게 다양한 궁금증에 대해 세션들을 쪼개어 관리할 수 있다.

4 화면 중앙의 '무엇이든 검색하기'에 [**<업무시간을 반으로 줄이는 AI 활용법> 책에 대해 알려줘**]라고 물어보면 관련된 내용들을 검색해 알려준다. 검색된 내용을 보면 다른 생성형 AI들에 비해 확연히 다른 모습이다. 상단에 출처가 나오고, 답변에서도 각각의 답변들이 어디에서 참고한 내용인지 번호로 표시되어 있다. 게다가 오른쪽 상단에는 이미지도 함께 검색되어 마치 '구글'에서 검색한 것과 비슷해 보인다.

5 화면 중앙의 '무엇이든 검색하기' 아래의 '모드' 메뉴를 누르면
'웹' '학문모드' '수학' '글쓰기' '비디오' '소셜' 메뉴를 확인할 수 있
다. 퍼플렉시티는 기본적으로 '웹'으로 세팅되어 있어 우리가
질문을 하면 검색을 우선으로 한다. '학문모드'는 논문에서 검
색을 해주며, '글쓰기'로 세팅하면 웹 검색 없이 챗GPT처럼 바
로 글쓰기가 시작된다.

제미나이로
유튜브 정보 확장하기

04

많은 사람들이 '유튜브'에서 필요한 정보를 얻는다. 이때 유튜브에 서 더 많은 정보를 얻으려면 구글의 제미나이를 추천한다.

1 제미나이에서 유튜브를 검색하기 위해서는 우선 크롬에서 제
  니마이에 접속 후 왼쪽 하단의 '설정' 메뉴에서 '확장 프로그램'
  을 활성화해야 한다. 확장 프로그램에는 워크스페이스, 지도,
  항공편 검색, 호텔, 유튜브가 있는데, 이들을 모두 활성화시켜
  놓자.

2 다시 제미나이에 돌아와 [미국 NASA의 아르테미스 프로젝트를 소개하는 유튜브 영상을 찾아줘]와 같이 입력하면 해당 영상을 찾아준다(조회 수를 기반으로 하는 검색 등은 아직 지원하지 않는다).

3 유튜브 사이트가 아닌 제미나이에서 검색을 하는 이유는 '확장 질문' 때문이다. 영상을 본 후 바로 제미나이에게 추가적으로 궁금한 것들을 묻고 확인할 수 있다. 예를 들어 영상 내용 중에서 **[한국이 나사의 제안을 거절한 이유를 알려줘]**라고 물어보면 이에 대해 정리된 내용을 확인할 수 있다.

 한국이 나사의 제안을 거절한 이유를 알려줘

답안 표시 ⌄

✦ 미국 NASA가 한국의 큐브위성을 달 탐사 프로젝트 '아르테미스 계획'에 참여시켜 달에 보내주겠다고 제안했지만, 한국 정부가 예산 부족으로 거절한 것은 사실입니다.

하지만, 거절 이유는 단순히 예산 부족뿐만 아니라 **다음과 같은 복합적인 요인들이 작용했** 것으로 알려져 있습니다.

- **예산 확보 어려움:** 정부 예산안이 이미 국회에 제출된 상황에서 추가 예산 확보가 어려웠습니다. 특히, 아르테미스 2호 탑승 기회 제안이 늦게 접수되어 국회 심의 절차를 거치기 어려웠다는 지적도 있습니다.
- **우선순위:** 당시 정부는 다른 우주 사업들과 다른 국가 정책에 예산과 정책적 우선순위를 할애하고 있었습니다.
- **기술적 검토 부족:** 큐브위성 개발 일정이 촉박했고, 추가적인 기술 검토가 필요했습니다.
- **국제 협력 부족:** 아르테미스 계획 참여에는 큐브위성 제작 및 발사 비용 외에도 추가적인 국제 협력 활동이 필요했습니다. 관련 논의가 충분히 이루어지지 못했다는 지적도 있습니다.

제미나이로 유튜브를 제대로 검색하는 방법

제미나이를 통해 유튜브 영상을 검색하게 되면 무분별하게 추천되는 영상에서 자유로워질 수 있다. 그리고 유튜브 검색 내용을 바탕으로 꼬리에 꼬리를 무는 질문과 이에 대한 답을 들으며 다시 생각을 정리하다 보면 체계적으로 지식을 쌓는 데에도 도움이 된다. 검색하고 읽고 생각하고 질문하는 과정을 3회 정도 진행해 보자.

예를 들어 [유튜브에서 반도체 'HBM'을 설명하는 영상을 찾아줘]라고 질문해 보자.

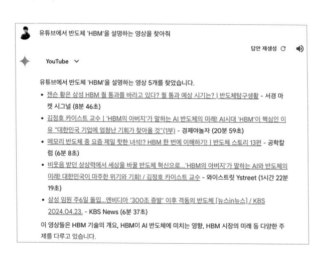

영상을 찾았다면 이 중 하나를 선택해서 본다. '김정호 교수님의 HBM' 영상을 보고 나서 HBM 4에 대해 더 궁금해졌다면 [HBM 4에 대해서 쉽게 설명된 영상을 찾아줘]라고 질문해 좀 더 구체화된 영상을 찾는다. 제미나이의 장점은 각 영상이 어떤 내용인지를 좀 더 친절하게 설명해 준다는 것이다.

이렇게 구체화된 지식을 쌓고 난 후에 [HBM과 GPU의 관계를 아파트와 백화점의 예를 들어 설명해 줘]라며 이해할 수 있을 때까지 쉽게 설명을 부탁할 수 있다.

 HBM과 GPU의 관계를 아파트와 백화점의 예를 들어서 설명해줘

답안 표시 ∨

HBM과 GPU를 아파트와 백화점 비유로 이해하기

상상해보세요.

- **고급 아파트 단지:** 수많은 사람들이 살고 다양한 시설을 이용하는 공간입니다. 이는 GPU와 같습니다. GPU는 그래픽 처리, 영상 인코딩/디코딩, 딥러닝 등 다양한 연산을 수행하는 강력한 처리 장치입니다.
- **백화점:** 아파트 주민들이 필요한 물건을 구매하는 곳입니다. 이는 HBM과 같습니다. HBM은 고속 데이터 전송이 가능한 메모리로, GPU가 필요한 데이터를 빠르고 효율적으로 처리하도록 지원합니다.

아파트와 백화점의 관계처럼, HBM과 GPU는 서로 밀접하게 연결되어 고성능 컴퓨팅을 가능하게 합니다.

1. 빠른 이동:

- 아파트 주민들은 백화점에 가까울수록 이동 시간이 단축됩니다. 마찬가지로, HBM이 GPU에 가까이 설치되어 있으면 데이터 전송 거리가 줄어들어 처리 속도가 빨라집니다. HBM은 기존 메모리보다 훨씬 빠른 속도로 데이터를 GPU에 전송할 수 있도록 설계되었습니다.

마찬가지로 [유튜브에서 일주일 3번 운동 루틴에 대한 영상을 찾아줘]와 같이 우리 일상에서 필요한 질문을 할 수도 있다. 영상을 찾았다면 보고 나서 [가슴 부분 운동에 대한 영상을 찾아줘]라고 좀 더 구체적으로 질문해 보고, [여기서 말하는 최적의 운동방법을 초보자에 맞춰 스케줄 표로 정리해 줘]처럼 나에게 맞는 운동법을 요청해 보자.

위와 같은 식으로 질문을 구체화해서 나에게 필요한 구체적인 답을 얻어 보자.

구글 검색에
'AI 검색' 추가하기

05

2024년 구글 I/O 행사에서 구글은 크롬 검색에 제미나이를 적용하겠다고 발표했는데, 사실 이 내용은 새로운 것이 아니다. MS는 이미 엣지 검색에 코파일럿을 적용하고 있고, 크롬에서도 다양한 확장 프로그램을 이용하면 구글에서 검색할 때 챗GPT를 연동해 사용할 수 있기 때문이다.

그럼에도 불구하고 구글의 뛰어난 검색 능력이 AI에 직접적으로 결합된다면 엄청난 시너지를 낼 수 있을 것으로 기대된다. 바로 사용해 보고 싶다면 실험실 기능을 이용해 보자.

1 크롬에서 서치랩스https://labs.google.com/search에 접속해 'AI 실험'
에서 'AI 검색 결과 등' 부분을 활성화시켜 보자.

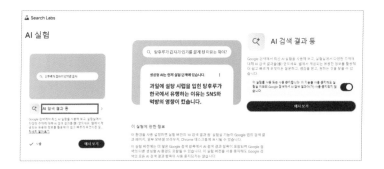

2 'AI 검색 결과 등'을 활성화시킨 후 크롬에서 검색을 하면 AI가

요약·정리한 자료를 볼 수 있다. 다만 모든 부분에서 요약·정리를 해주는 것은 아니고, 질문형 검색에 주로 답해준다. 예시처럼 **[탕후루가 뭐야]**라고 질문하면 정리해서 답변해 주고, 어디에서 찾은 자료인지 출처도 함께 보여준다.

구글 검색을 제대로 하는 방법

이렇게 찾은 구글의 검색을 Overview라고 한다. 물론 여기에서 요약·정리된 내용을 100% 믿을 수는 없다. 다만 기존의 답변보다 조금 더 신뢰가 가는 건 어디서 찾았는지 검색 링크까지 보여주기 때문이다. 그럼에도 불구하고 각각의 정보들이 최종적으로 정확한 자료인지는 사실관계를 크로스체크해 보는 습관을 가져야 한다.

AI 검색 결과를 제대로 확인하기 위해서는 [~가 뭐야?] [~방법]이라고 검색하면 된다. 예를 들어 [청소년 자존감을 높이는 방법]이라고 검색하면 다음과 같은 결과를 볼 수 있다.

나만의 자동화된
뉴스레터 만들기

앞에서 뉴스봇을 통해 뉴스 알림을 받아보는 방법을 알아봤다. 하지만 뉴스봇은 5개의 키워드까지만 등록이 가능해 5개 이상의 키워드가 필요할 때에는 다른 방법을 사용해야 한다. 여기서는 내가 원하는 뉴스 키워드를 AI가 검색해 매일 아침 메일로 보내주는 방법을 알아보자. 챗GPT와 구글 스프레드시트만 있으면 무료로 만들 수 있다.

챗GPT로 뉴스레터 만들기

 1 챗GPT에 다음과 같이 입력한다.

프롬프트 예시

1. 나를 위한 뉴스레터를 만들고 싶어.
2. 내가 원하는 키워드의 뉴스를 입력하면 구글 뉴스에서 자동으로 검색
   한 후 결과를 3건 찾아서
3. 이메일은 ***@gmail.com으로 보내려고 해.
4. RSS 방식으로 가져오면 돼.
5. 구글 스프레드시트의 'Apps Script'를 이용하려고 해.
6. 가장 쉬운 방법을 예시와 함께 알려줘.

프롬프트 해설

여기서 입력한 포인트는 '뉴스레터'를 만들고 싶다며 어떤 것을 할 것인지
명확하게 이야기했고, 구글의 Apps Script를 활용하겠다며 구체적인 도
구를 알려줬다(프롬프트에서 뉴스를 받을 이메일을 설정해 두면 편리하
다). 이런 식으로 원하는 내용을 명확하게 입력하는 습관을 들이자.

이때 위와 똑같이 입력하더라도 입력할 때마다 다른 답이 나
올 수 있는데, 만족스러운 결과가 나오지 않는다면 약간씩 수
정해 다시 입력해 보자.

네, 좋아요! 구글 스프레드시트의 Apps Script를 사용하여 나만의 뉴스레터를 만들 수 있습니다. 가장 쉬운 방법은 다음과 같습니다:

1. **스프레드시트 생성**: 우선 구글 스프레드시트를 열고, 뉴스레터를 작성할 새 시트를 만듭니다.
2. **Apps Script 열기**: 스프레드시트에서 "도구" 메뉴를 선택하고 "스크립트 편집기"를 클릭합니다.
3. **스크립트 작성**: 아래의 예시 코드를 복사하여 스크립트 편집기에 붙여넣습니다.

```javascript
function sendNewsletter() {
  var keyword = "당신의 키워드"; // 원하는 키워드 입력
  var searchResults = UrlFetchApp.fetch("https://news.google.com/rss/search?q=" + key

  var xml = XmlService.parse(searchResults.getContentText());
  var items = xml.getRootElement().getChild("channel").getChildren("item").slice(0,

  var emailContent = "최신 뉴스:\n\n"; // 이메일 내용 시작

  for (var i = 0; i < items.length; i++) {
    var title = items[i].getChild("title").getText();
    var link = items[i].getChild("link").getText();
    emailContent += (i + 1) + ". " + title + "\n" + link + "\n\n";
  }

  MailApp.sendEmail("your-email@example.com", "뉴스레터", emailContent); // 이메일 보내기
}
```

4. **이메일 설정**: 스크립트 내에서 "your-email@example.com"을 자신의 이메일 주소로 바꿉니다.
5. **실행 설정**: 스크립트 편집기에서 "실행" -> "sendNewsletter"를 선택하여 함수를 실행하고 권한을 허용합니다.
6. **트리거 설정**: "편집" -> "현재 프로젝트의 트리거"로 이동하여 스크립트를 주기적으로 실행할 트리거를 설정합니다. 원하는 주기를 선택하고 "sendNewsletter" 함수를 선택합니다.

이제 설정이 완료되었습니다! 지정된 주기로 스크립트가 실행되어 원하는 키워드에 대한 최신 뉴스가 이메일로 전송됩니다.

2　챗GPT에서 답해 준 대로 하나하나 따라해 보자. 우선 구글 드라이브에서 '스프레드시트'를 하나 새로 생성한다. 제목은 GPT가 알려준 코드의 첫줄에 나와 있는 [sendNewsletter]로 적자. 그리고 상단 메뉴 중 '확장프로그램' → 'Apps Script'를 클릭한다.

3 Apps Script 창이 실행되면 상단의 '제목 없는 프로젝트'를 [sendNewsletter]로 변경한 후, 챗GPT가 알려준 코드를 복사해 붙여넣는다. 그리고 '당신의 키워드'라는 부분에 원하는 키워드를 입력한다. 여기서는 **[인공지능]**으로 입력했다. 이메일을 미리 설정하지 않은 경우 sendEmail 옆의 'mailto:your-email@ example.com' 부분에 자신의 이메일 주소로 변경해야 한다(처음 챗GPT에게 입력하는 프롬프트에서 자신의 이메일 주소를 입력했다면 변경할 필요가 없다). 끝냈다면 상단 메뉴의 '저장' 버튼을 누른 후 '실행' 버튼을 누른다.

4 이때 '이 프로젝트에서 내 데이터에 엑세스하려면 승인이 필요합니다'라고 나오면 당황하지 말고 '권한 검토' → '자신의 이메일 주소'를 선택한다. 'Google에서 확인하지 않은 앱'이라고 나오면 왼쪽 하단에 작게 써있는 '고급'을 누른 후 하단의 '안전하지 않음'을 누른다. 그리고 계정 엑세스를 허용한다.

Google에서 확인하지 않은 앱

앱에서 Google 계정의 민감한 정보에 대한 액세스를 요청합니다. 개발자(eundang@gmail.com)의 앱이 Google에서 인증을 받기 전에는 앱을 사용하지 마세요.

안전한 환경으로 돌아가기

5 제대로 완료되었다면 하단의 '실행 로그' 항목에 '실행이 완료됨'으로 나온다. 그리고 자신의 메일에 들어가 보면 최신 뉴스가 제대로 도착한 걸 알 수 있다.

6 만약 뉴스가 제대로 도착하지 않고 'error'가 나왔다면 error 메시지를 그대로 복사해 챗GPT에게 입력해 [왜 에러 메시지가 나왔는지] 다시 물어본다. 챗GPT가 에러 코드에 맞게 조언해 주고 코드를 변경해 주면 그대로 따른다.

키워드를 추가하고, 매일 아침 8시에 이메일로 받기

이번에는 키워드를 추가하는 방법과 특정시간대에 이메일을 받는 방법을 더해보자.

1 다음과 같이 추가 프롬프트를 입력하자.

프롬프트 예시

1. 이제는 '키워드'를 1개가 아니라 3개를 받고 싶어.
2. 매일 아침 8시에 이메일을 받고 싶어.
3. 스크립트를 수정해 줘.

앞에서는 키워드를 하나 넣었는데, 이제 '여러 개'를 추가하려고 한다. 이
때 '여러 개'는 몇 개인지가 명확하지 않기 때문에 이왕이면 3개, 5개 등으
로 확실하게 입력하는 게 좋다. 아침 8시에 이메일을 받고 싶다고 입력한
부분은 이 뉴스레터가 매일 아침 8시에 '자동적'으로 발송되어야 함을 뜻
한다.

2 챗GPT는 위 내용을 반영해 현재 스크립트를 다시 만들어 준
다. 이때 스크립트 중 '키워드'에는 요청한 3개가 추가되었으니
(원하는 만큼 입력 가능하다) 원하는 키워드를 입력하고, 자신의 이
메일 주소도 다시 넣는다. 이제 이를 복사해 'Apps Script'에 붙
여넣고, 저장 후 실행해 본다.

```javascript
function sendNewsletter() {
  var keywords = ["키워드1", "키워드2", "키워드3"]; // 여러 개의 키워드 입력
  var email = "your-email@example.com"; // 이메일 주소
  var emailContent = "최신 뉴스:\n\n"; // 이메일 내용 시작

  for (var k = 0; k < keywords.length; k++) {
    var keyword = keywords[k];
    var searchResults = UrlFetchApp.fetch("https://news.google.com/rss/search?q=" + k

    var xml = XmlService.parse(searchResults.getContentText());
    var items = xml.getRootElement().getChild("channel").getChildren("item").slice(0,

    emailContent += "키워드: " + keyword + "\n"; // 키워드 추가

    for (var i = 0; i < items.length; i++) {
      var title = items[i].getChild("title").getText();
      var link = items[i].getChild("link").getText();
      emailContent += (i + 1) + ". " + title + "\n" + link + "\n\n";
    }
```

3 매일 정해진 날짜에 이메일로 받기 위해서는 Apps Script에서 왼쪽의 '자명종 시계' 모양을 클릭한 후 오른쪽 아래 '트리거 추가'를 클릭한다. 이때 트리거는 다음과 같이 '시간 기반' → '일 단위 타이머'를 선택하고, 하단의 '시간 선택'에서 '오전 8시에서 9시'로 설정하고 저장하자.

4 계속 키워드를 추가하고 싶다면 코드에 추가하면 된다. 이를 응용해 나만의 뉴스레터를 만들어 보자.

5 Gmail이 아닌 회사 메일로도 받을 수 있고, 여러 명에게도 한

꺼번에 메일을 보낼 수 있다. 이때도 챗GPT에게 추가로 3명에게 메일을 보내고 싶은데 스크립트를 수정해 달라고 하면 수정해 준다(Gmail 일반 계정은 한 번에 메일을 보낼 수 있는 숫자가 100개다. 이 부분은 정책에 따라 변경될 수 있으니 상업적인 용도보다는 개인적인 용도로 사용하자).

네이버 뉴스 API로 안정적인 뉴스레터 받기

구글 뉴스에서 매일 아침 뉴스를 받을 수 있는 방법은 편리하지만, 이 방법은 구글에서 뉴스를 검색하고 그 결과를 다시 가져오는 방식이라 가끔 에러가 날 수 있다. 이때는 네이버에서 제공하는 뉴스 API를 이용하면 네이버의 뉴스를 편리하게 받아볼 수 있다. 크게 어렵지 않으니 하나씩 따라해 보자.

1   네이버 개발자센터https://developers.naver.com/main/에 들어가 로그인한다.

2   상단 'Application' → '애플리케이션 등록'을 누른 후 이용약관에 동의하고, 이름, 사용 API, 환경추가를 입력한다. 잘 모르겠

으면 다음과 같이 '뉴스봇' '검색' 'WEB 설정' 'http://naver.com'
이라고 입력한다.

3 등록하기를 누르면 나만의 고유 Client ID와 Secret이 생성된
다. ID와 Secret은 나중에 코드에 넣어야 하니 복사해 놓기 바
란다.

4 이제 코드를 짜야 하는데, 챗GPT에게 바로 물어봐도 되지만
오류가 생길 수 있으니 이왕이면 네이버에서 미리 올려둔 예
제 코드를 활용하자. 상단 메뉴 중 'Documents' → '서비스 API'
→ '검색'을 클릭한다.

5 왼쪽 탭에서 '뉴스'를 누른 후 복잡하고 어려운 건 다 건너뛰고 맨 밑으로 내려가서 '검색 API 뉴스 검색 구현 예제'를 클릭한 다. 그럼 또 상당히 복잡한 코드들이 나오는데, 이 중 Java를 복사한다.

6 이제 챗GPT에게 물어보자. 챗GPT에 다음과 같이 입력한다.

프롬프트 예시

내가 원하는 키워드를 3개 입력하면, 네이버 뉴스에서 검색 후 나에게 이메일로 보내주는 뉴스레터를 구현하려고 해.
1. 구글 스프레드시트 - 확장프로그램 - Apps script를 사용할 거야.
2. 네이버에서 미리 예시로 준 파이썬 예제는 다음과 같아.
   (복사한 예제를 붙여넣는다)
3. 이 코드를 Apps script에서 실행될 수 있게 바꿔줘. blog 검색은 news 검색이 가능하게 해 줘.
4. 내 이메일 주소는 ***@gmail.com이야
5. 검색 키워드는 4개를 등록, 검색된 뉴스는 3개씩 보낼 수 있게 해 줘.

프롬프트 해설
네이버에서 가져온 예제는 뉴스 검색이 아닌 블로그 검색이 기본으로 되어 있으니 이렇게 'news 검색'으로 바꿔 줘야 한다. 이를 응용하면 어떤 제품의 블로그 리뷰나, 어떤 회사의 블로그 정보를 보고 싶을 때에는 blog 검색으로 요청하면 된다.

7 이렇게 입력하면 정말 빠른 속도로 코드를 짜준다. 이제 구글 스프레드시트를 새로 만들고, 이를 복사해 Apps Script에 붙여넣고 실행하면 된다. 이때 주의할 점은 맨 윗줄의 'YOUR_CLIENT_ID' 부분에 네이버 개발자센터에서 발급받은 ID로 바

꾸고, 'YOUR_CLIENT_SECRET' 부분에는 발급받는 Secret로 바꿔줘야 한다. 저장하고 실행한 후 정상적으로 작동하면 앞에서 이야기한 '트리거'를 걸어서 원하는 시간에 알림을 받으면 된다.

뉴스레터를 제대로 활용하는 방법

1) 뉴스 알림을 받더라도 읽지 않으면 소용이 없다. 본인이 꼭 읽을 수 있는 시간대를 정해 알림이 오게 만들자.
2) 이메일로 받은 내용이 깔끔하지 않다면 조금 더 세련되게 바꿔 달라고 요청해 보자. 바뀐 코드를 복사해서 입력하면 된다.

2장

정보 정리의 기술

AI를 활용해 뉴스기사
요약 · 정리하기

01

AI를 통해 정보를 수집했다면 이번에는 수집한 정보를 깔끔하게 요약 · 정리하는 방법을 알아보자. 여기에서도 핵심은 정보를 읽는 '사람'이다. 뉴스를 읽는 사람이 자기 자신이라면 자기가 이해하기 쉽게 요약되어야 한다. 만약 상사에게 보고해야 하거나 고객들에게 요약된 자료를 보내야 한다면 상대방의 입장에서 이해하기 쉽게 요약해야 한다.

뉴스기사의 요약 · 정리는 챗GPT와 하이퍼클로바X, 제미나이, 코파일럿 중 어떤 것을 이용해도 관계없다. 이제 뉴스기사를 각각의 AI로 요약하는 방법을 알아보자(샘플은 세컨드브레인연구소의 〈일상

IT NOTE〉 블로그 글을 이용했다).

보스턴 다이내믹스, 전기구동 방식 휴머 노이드 로봇 '아틀라스' 공개

TRENDW 님이 작성
4월 19, 2024   💬 에 댓글을 남기세요.

현대자동차 계열 로봇 제조사 보스턴 다이내믹스가 한 단계 진화한 휴머노이드 로봇 '아틀라스'를 공개했습니다. 기존의 유압식 구동 방식에서 벗어나 전기 구동 방식을 채택한 새로운 아틀라스는 인간의 움직임에 더욱 근접한 자연스러운 동작을 선보였는데요.

유압에서 전기구동으로, 더욱 부드러워진 동작

이번에 공개된 아틀라스는 기존 모델과 달리 관절 구동에 압력을 이용하는 유압 시스템 대신 전기모터를 사용했습니다. 이를 통해 로봇의 움직임이 한층 더 부드럽고 자연스러워졌죠. 공개된 영상에서 아틀라스는 마치 체조 선수처럼 유연하게 다리를 비틀어 일어나고, 걸으면서 몸통을 회전하는 모습을 보여주었습니다.

챗GPT를 활용해 뉴스기사 요약하기

1   뉴스나 블로그 글의 링크를 복사한 후 챗GPT에 붙여넣고, [이 내용을 요약해 줘]라고 요청한다(무료버전의 경우 링크를 인식하지 못하면 원문을 복사해 넣으면 된다).

이 내용을 요약해줘

사이트 1개 검색함

보스턴 다이내믹스는 새로운 전기 구동 방식의 휴머노이드 로봇 '아틀라스'를 공개했습니다. 기존의
유압식 대신 전기모터를 사용하여 움직임이 더욱 부드럽고 자연스러워졌습니다. 또한, 360도 회전
가능한 헤드로 넓은 시야를 확보할 수 있게 되었으며, 현대차의 생산 라인에 투입될 예정입니다. 아
틀라스는 인간의 동작 범위를 뛰어넘는 효율성을 제공하여 장시간 반복 작업에서도 피로를 느끼지
않습니다 (일상 IT note).

2 챗GPT는 보통 5줄 정도로 요약해 준다. 만약 요약된 글이 보
기 어렵다면 자신이 선호하는 방식을 적용해 보자. '1. 2. 3 번
호순'으로 정리하거나 '표'를 이용해 깔끔하게 정리할 수 있다.
[1. 2. 3 번호순으로 정리해 줘]라고 요청해 보자.

1. 2. 3 번호순으로 정리해 줘

1. **유압에서 전기구동으로, 더욱 부드러워진 동작**
   보스턴 다이내믹스는 전기구동 방식을 채택한 새로운 휴머노이드 로봇 '아틀라스'를 공개했습
   니다. 전기 모터를 사용하여 로봇의 움직임이 기존 유압식보다 한층 더 부드럽고 자연스러워졌
   습니다. 공개된 영상에서 아틀라스는 체조 선수처럼 유연하게 움직이며, 걸으면서 몸통을 회전
   하는 모습을 선보였습니다.

2. **360도 회전 헤드로 넓어진 시야**
   아틀라스는 360도로 회전 가능한 헤드를 갖추어 주변 환경을 더 넓게 인식할 수 있습니다. 이
   설계는 복잡한 작업 환경에서 로봇이 효과적으로 임무를 수행하는 데 도움이 됩니다.

3. **10년간의 진화 마무리, 현장 투입 준비 완료**
   보스턴 다이내믹스는 아틀라스 프로젝트를 2013년부터 시작해 꾸준히 업그레이드해왔습니다.
   이제 전기 구동 방식으로의 전환을 통해 아틀라스의 진화가 일단락되었으며, 회사는 아틀라스
   가 조만간 현대차의 미래형 자동차 생산 라인에 투입될 것이라고 밝혔습니다. 아틀라스는 유연
   하고 정교한 동작이 요구되는 조립 공정 등에서 인간 노동력을 보조하게 될 예정입니다.

3 이번에는 표로 정리해 보자. 여기서 주의할 점이 있다. 요약을 시킨 후 다시 1. 2. 3 번호순으로 정리를 시키고, 다시 표로 정리해 달라고 하면 챗GPT는 1. 2. 3 번호순으로 요약했던 내용을 바탕으로 표로 정리해 준다. 앞의 흐름을 이어가기 때문이다. 따라서 챗GPT에게 일을 제대로 시키려면 대화창을 새로 만든 후 내용을 주고 **[이 내용의 핵심을 표로 정리해 줘]**라고 별도로 지시해야 더 나은 결과를 얻을 수 있다.

만 인간을 뛰어넘는 휴머노이드의 잠재력, 산업 현장에서 어떻게 발휘될지 주목됩니다.

이 내용의 핵심내용을 표로 정리해 줘

물론입니다! 아래에 기사 내용의 핵심 정보를 표로 정리해 보았습니다:

주제	세부 내용
기업 및 제품	보스턴 다이내믹스, 휴머노이드 로봇 '아틀라스'
구동 방식 전환	유압식 구동 방식 → 전기 구동 방식
주요 특징	- 부드럽고 자연스러운 동작\<br\> - 체조 선수처럼 유연한 움직임
헤드 기능	360도 회전 가능, 넓은 시야 확보
프로젝트 진화 기간	2013년부터 10년간 업그레이드
현장 투입 계획	현대차의 미래형 자동차 생산 라인에 조만간 투입\<br\>유연하고 정교한 동작이 요구되는 조립 공정 지원
효율적 움직임	인간의 동작 범위에 제한받지 않음\<br\>장시간 반복 작업에도 피로 없음
전략적 강조점	인간을 닮았지만 인간을 뛰어넘는 작업 효율성

이 표는 기사 내용의 주요 사항들을 한눈에 볼 수 있도록 요약한 것입니다.

코파일럿을 활용해 뉴스기사 요약하기

이번에는 MS의 코파일럿을 이용해 기사 내용을 요약해 보자. 코 파일럿을 사용하기 위해서는 윈도우에 기본으로 설치되어 있는 웹브라우저 Edge를 실행해야 한다(맥에서는 Edge를 설치해야 한다).

1 Edge를 실행한 후 요약하고자 하는 특정 뉴스나 블로그에 접속한다. 그리고 오른쪽 상단의 '코파일럿' 버튼을 클릭하면 사이드바에 창이 나오고 '페이지 요약 생성'과 '이 문서에 대해 Copilot에게 물어볼 질문 추천' 버튼을 확인할 수 있다. 만약 이렇게 나오지 않거나 보안 문제라고 나오면 Edge에 로그인되어 있지 않은 경우가 대부분이니 로그인을 먼저 하자.

2 '페이지 요약 생성'을 누르면 뉴스기사를 즉시 요약해 준다. 다
만 챗GPT처럼 '표'를 생성해 주지는 않는다.

제미나이를 활용해 뉴스기사 요약하기

제미나이 역시 실시간 정보 검색이 가능하기 때문에 뉴스기사를
쉽게 요약할 수 있고, 다른 기사 내용도 추가적으로 찾아 볼 수 있
다. 하지만 코파일럿과 같이 브라우저 내에서 제미나이에게 바로
요약을 요청할 수 있는 기능은 현재 구현되어 있지 않다.

1 제미나이에 접속해 뉴스나 블로그 글을 복사해 붙여넣는다. 그
리고 [이 내용을 알기 쉽게 표로 요약해 주고, 보스턴 다이내믹스에 대해

쉽게 설명된 유튜브 영상을 찾아줘]와 같이 제미나이에게 물어보자.

2 제미나이는 '유튜브' 'Gmail' '구글지도' 등 다양한 구글의 서비
스들을 접목해, 찾은 결과를 확장할 수 있다. 이를 충분히 활용
해 보자.

> **TIP**
>
> ## AI로 뉴스기사를 제대로 요약하는 방법
>
> 뉴스기사 요약·정리의 경우 생성형 AI마다 각각 다른 스타일로 요약해
> 준다. 챗GPT는 깔끔하게 5줄이면 5줄, 번호순이면 번호순으로 요약을 해
> 준다. 코파일럿은 원하는 대로 요약을 해주면서 처음이나 마지막에 '물론
> 입니다' '추가로 알려주세요'라는 메시지를 추가한다. 제미나이는 3줄로
> 요약해 주면서 각각 '블릿(점)'으로 구분해 준다. 하나씩 이용해 보면서 본
> 인에게 맞는 AI를 찾아보자.

AI를 활용해
PDF 문서 정리하기

02

업무를 하다 보면 다양한 PDF 자료를 접하게 된다. 이때 대충 읽어도 되는 자료도 있지만, 때로는 진지하게 밑줄을 치면서 이해하며 읽어야 하기도 한다. 내용이 너무 많아서 다 읽기 어렵거나, 다 읽었는데도 무슨 말인지 모를 정도로 어렵다면 AI의 도움을 받아보자.

무료로 이용할 수 있는 서비스로 하이퍼클로바X와 코파일럿을 추천한다(좀 더 전문적인 자료를 자주 이용해야 한다면 유료 서비스인 GPT-4와 클로드3를 추천한다).

하이퍼클로바X로 PDF 문서 정리하기

1 샘플 PDF 파일을 준비하자. 여기서는 네이버증권의 리서치에 들어가 PDF로 된 '현대홈쇼핑 지배력 강화'라는 리포트를 다운 받았다.

2 클로바X(https://clova-x.naver.com/)에 로그인을 한 후 왼쪽 상단의 '문서 이해 도우미'를 클릭하면 첨부파일을 붙여넣을 수 있는 프롬프트 창이 나온다(문서는 PDF, TXT, DOCX, 심지어 HWP 파일도 가능하다).

3 파일을 업로드하면 빠르게 문서 분석을 끝내고 문서의 내용을
   요약 정리해 준다. 다만 아쉽게도 '현대홈쇼핑의 매출' 등 문서
   의 범위를 벗어난 질문을 하면 제대로 답변을 하지 못한다(이
   부분은 점차 개선될 것으로 보인다).

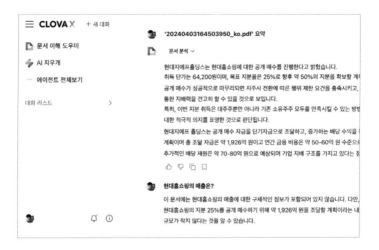

코파일럿으로 PDF 문서 정리하기

코파일럿 무료버전에서는 '이미지' 첨부는 가능하지만 PDF 파일
등 문서 첨부 기능은 아직 제공되지 않는다(유료인 Pro 버전에서는 가
능하다). 하지만 Edge를 이용하면 무료버전에서도 PDF 문서를 읽
고 대화할 수 있다.

1   Edge를 실행 후 전자공시시스템에서 삼성전자의 사업보고서
    를 열어보자. 다운로드가 끝난 후 '열기'를 누르면 Edge 창에서

PDF가 바로 열린다.

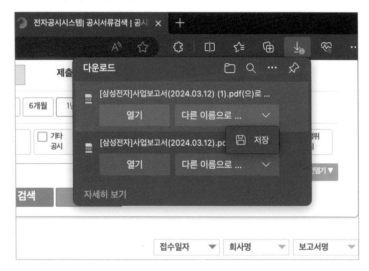

2 잠시 기다리면 왼쪽 상단에 'Copilot에 물어보기' 메뉴가 활성
화된다.

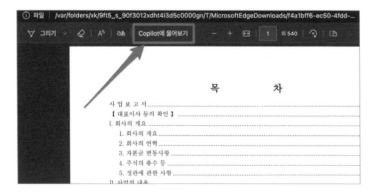

3 'Copilot에 물어보기'를 누르면 오른쪽 창이 열리고, 이 PDF 문서를 기반으로 코파일럿과 대화를 나눌 수 있다. 다만 540페이지 문서 전체를 인지하지는 못하고, 지금 화면에 있는 2~3페이지 정도만 요약해서 대화를 해준다는 단점이 있다.

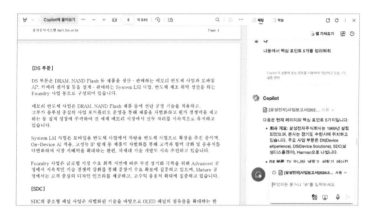

ChatPDF로 PDF 문서 정리하기

PDF 전체 페이지를 읽고 쉽게 의견을 주고받기 위해서는 전문 서비스인 ChatPDF를 추천한다. 다만 ChatPDF의 경우 무료버전에서는 하루 2개 3MB 이하의 PDF 파일만 올릴 수 있고, 그 이상을 사용하기 위해서는 Plus로 업그레이드해야 하는데 월 13,000원 정도의 비용을 지불해야 한다.

1 ChatPDF https://www.chatpdf.com/ 에 접속해 삼성전자 사업보고서 (2024.03.12.)를 올려보자. 생각보다 빠른 속도로 올라간다.

2 ChatPDF는 한글로도 바로 대화를 나눌 수 있고, 필요한 부분을 요약·정리할 수 있다. PDF 문서 정리에 있어서만큼은 가장 뛰어난 서비스 중 하나이다.

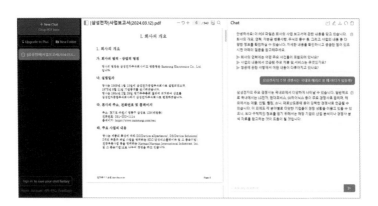

GPT-4o로 PDF 문서 정리하기

GPT-4o(유료버전)에서는 PDF 파일을 첨부해 바로 대화를 나눌 수 있다.

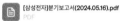

ChatGPT 4o ∨

[삼성전자]분기보고서(2024.05.16).pdf
PDF

이 보고서의 핵심 내용을 정리해줘.

보고서의 핵심 내용을 다음과 같이 요약할 수 있습니다:

I. 회사의 개요

삼성전자는 글로벌 전자 기업으로, 한국을 거점으로 하여 여러 해외 법인과 종속기업을 운영하고 있습니다. 주요 사업 부문으로는 DX(Device eXperience) 부문과 DS(Device Solutions) 부문이 있으며, DX 부문은 TV, 모니터, 냉장고, 스마트폰 등을, DS 부문은 DRAM, NAND Flash, 모바일AP 등의 제품을 생산·판매하고 있습니다.

II. 사업의 내용

1. **사업의 개요**: 글로벌 전자 기업으로서 다양한 제품군을 통해 시장을 선도하고 있으며, 주요 사업 부문으로는 DX, DS, SDC(삼성디스플레이), Harman 등이 있습니다.

생성형 AI에서 PDF 문서를 제대로 정리하는 방법

한글로 되어 있는 자료만 올릴 필요는 없다. 해외 논문을 포함해 어려운 외국 자료도 파일을 첨부한 후 한글로 대화를 나눌 수 있다.

PDF를 올리기 전에 무엇을 물어보고자 하는지 목적을 명확히 하고, [그래프로 정리해 줘] 혹은 [표로 정리해 줘] [이 보고서에서 얻을 수 있는 인사이트를 정리해 줘] 등 보다 구체적으로 물어보면서 활용하자.

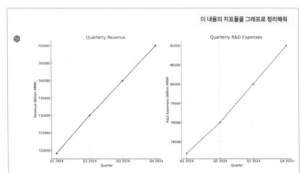

AI를 활용해
논문 자료 정리하기

03

모든 사람들에게 필요하지는 않겠지만, 그래도 함께 알아두면 좋은 자료 검색 중 하나는 '논문 검색'이다. 논문을 쓰는 사람이 아니더라도 관련 업계에서 벌어지는 일들에 대해서는 논문을 찾아서 읽어보면 도움이 된다. 예전에야 논문을 찾기도 복잡하고 혹은 영어로 되어 있어서 이해하기 어려웠지만 AI와 함께라면 원하는 내용을 쉽게 파악할 수 있다.

여기서는 하이퍼클로바X와 코파일럿을 이용했다(제미나이와 GPT-4를 이용해도 된다).

하이퍼클로바X로 논문 정리하기

1 클로바X에 로그인한 후 대화창에 **[GPT의 시초가 된 구글의 '트랜스포머' 논문을 찾아줘]**와 같이 입력해 보자.

2 위와 같이 논문을 찾아주고 링크까지 알려준다. 내용에 대한 간단한 요약까지 원한다면 처음 프롬프트를 입력할 때 **[GPT의 시초가 된 구글의 '트랜스포머' 논문을 찾아 요약해 줘]**라고 입력하면 된다.

코파일럿으로 논문 정리하기

1 코파일럿에서도 [GPT의 시초가 된 구글의 '트랜스포머' 논문을 찾아줘]
와 같이 입력하면 간략한 정리와 링크 주소를 알려준다.

2 다만 코파일럿의 경우 최신 논문이나 전문적인 논문 검색을 요
청하면 제대로 된 답변을 하지 못한다. 예를 들어 코파일럿에
게 [2023년 BCI에 대한 논문을 찾아줘]라고 질문하면 다음과 같이
대략적으로 알려주며 논문 주소도 제대로 알려주지 못한다.

Copilot

✓ 답변 생성 중...

2023년에는 여러 가지 BCI(Brain Computer Interface)에 관한 논문이 발표되었습니다. 몇 가지 예를 들어보겠습니다:

1. **2023년 제11회 국제 뇌-컴퓨터 인터페이스(BCI) 겨울 학회**에서는 다양한 BCI 관련 논문들이 발표되었습니다 [1]. 이 학회는 뇌-컴퓨터 인터페이스의 다양한 접근법에 대해 깊이 있는 토론을 통해 혁신적인 아이디어를 교환하려는 목표를 가지고 있습니다 [2].

2. **BCI 2023**에서는 뇌-컴퓨터 인터페이스의 다양한 방법론에 대한 최신 연구 결과를 공유하였습니다 [2].

3. **"Call for Papers: Theme Issue: Brain-Computer Interfaces (BCIs)"**라는 논문에서는 optogenetics, augmented reality, synthetic telepathy 등의 새로운 BCI 기술과 BCI의 일상 응용에 대해 논의하였습니다 [3].

이 외에도 많은 논문들이 발표되었으며, 자세한 내용은 각 링크를 통해 확인하실 수 있습니다: IEEE Xplore, BCI 2023, Call for Papers.

자세한 정보 1 ▦ ieeexplore.ieee.org   2 ◎ brain.korea.ac.kr   3 ▦ neuro.jmir.org   4 ▦ ieeexplore.ieee.org   +4 더 보기

싸이스페이스로 논문 정리하기

1 좀 더 디테일한 자료를 원한다면 논문 검색 전문 AI인 싸이스페이스https://typeset.io를 이용하자.

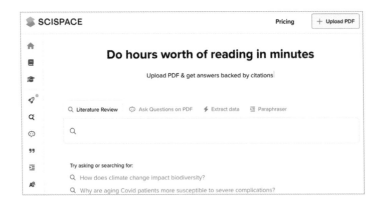

SCISPACE   Pricing   + Upload PDF

Do hours worth of reading in minutes

Upload PDF & get answers backed by citations

Q Literature Review   ◎ Ask Questions on PDF   ⚡ Extract data   ⯐ Paraphraser

Q

Try asking or searching for:

Q How does climate change impact biodiversity?

Q Why are aging Covid patients more susceptible to severe complications?

2 싸이스페이스는 모두 영어로 이루어져 있지만, 언어를 한글로 바꾸면 한글로 대화할 수 있다. 한글로 [BCI 연구가 인간에게 미치는 영향은?]과 같이 질문해 보자.

3 오른쪽 하단의 Copilot을 누르면 다양한 내용을 AI에게 추가로 물어볼 수 있다.

4 어떤 질문을 던져야 할지 모르는 사람들을 위해 '프롬프트 예시'도 주어지는데, '요약하기' '논문 초록' '설명하기' '적용점' 등 다양한 예시가 있다.

정보 정리 및 인사이트
도출을 위한 프롬프트 작성하기

04

매번 뉴스기사를 입력해 GPT에게 [요약해 줘] [인사이트를 알려줘]라고 질문을 던지는 것에서 벗어나 조금 더 편리하게 이용할 수 있는 방법이 있다.

우리의 목표는 뉴스기사를 입력하면 'GPT가 요약해 주고, GPT가 생각하는 인사이트를 정리해서 보고하는 것'이다. 이렇게 AI에게 일을 시키기 전에 우리가 원하는 것이 무엇인지 생각해 보고, 단계별로 테스트해 보는 연습이 필요하다. 위 목표를 단계별로 적어보면 이렇게 된다.

1) 뉴스기사를 입력한다.

2) GPT가 기사 내용을 요약한다.

3) GPT가 인사이트를 정리해서 보고한다.

이를 자동화하기 위해서는 첫 번째 명령어인 '프롬프트'를 잘 짜면 된다. 다음의 스크립트를 참고해 우리가 원하는 것을 더 자세히 이야기해 줄 수 있는 프롬프트를 만들어 보자.

프롬프트 예시

앞으로 너는 '뉴스 요약'을 해야 해. 다음의 순서로 업무를 수행해.
1. 입력한 뉴스를 요약한다.
2. 요약은 1. 2. 3. 순으로 번호를 넣어 진행한다.
3. 요약이 끝난 후에는 '인사이트'를 소제목으로 넣고(굵은 글씨), 이 뉴스에 대한 너의 의견을 이야기한다.
4. 3번의 인사이트를 넣을 때에는 'HD 현대중공업'에서 생각할 수 있는 것들을 반드시 넣는다. 준비가 되었다면 '자 시작해 봅시다'라고 말한다.

프롬프트 해설

앞으로 너는 '**를 해야 해'라고 입력하면, GPT가 수행해야 하는 목표를 명확히 설정해 줄 수 있다. '굵은 글씨' 혹은 '볼드체'라고 지정해 주면 소제목으로 확실하게 구분해 준다. '의견'을 요청했기 때문에 GPT가 생각하는 내용을 받을 수 있다. 샘플 프롬프트에서는 'HD 현대중공업'이라고 했지만 이 부분에는 자신의 회사나 관련 기관의 이름을 넣자.

이렇게 프롬프트를 입력하면 어떤 뉴스기사를 붙여넣어도 역할을 잘해 준다. 뉴스기사를 입력한 후 추가 명령어를 입력할 필요가 없는 게 장점이다. 예를 들어 '스페이스 테크'에 대한 뉴스를 넣으면 다음과 같이 자신의 인사이트를 넣은 내용으로 답해준다. 만약 더 구체화된 내용을 원한다면 새롭게 창을 만들어 원하는 내용을 입력하면 된다.

ChatGPT

1. 우주 경제는 계속해서 성장하고 있으며, 정부와 민간의 투자가 늘어나면서 새로운 기회와 도전이 생기고 있습니다. 보고서들은 우주 산업과 강국들의 정책을 주요 관심사로 다루고 있으며, 투자와 가능성, 미국과 중국, 우주정거장, 스페이스 X 등이 주요 키워드로 등장하고 있습니다.

2. 딜로이트는 '스페이스 테크' 보고서를 통해 우주 기술의 중요성을 강조하며, 우주 기술이 산업 전반에 혁신을 가져올 것으로 예측하고 있습니다. 보고서는 지구 저궤도에서의 적절한 투자와 인센티브가 우주 경제의 가치를 현재의 8배로 증가시킬 것으로 전망하고 있습니다.

3. 위성의 증가와 함께 응용 사업들도 빠르게 성장하고 있으며, 특히 글로벌 위성 항법 시스템(GNSS)을 비롯한 다양한 분야에서 상업적 성공이 예상되고 있습니다. 딜로이트는 우주 기술과 기타 X테크 분야가 앞으로의 비즈니스 생태계를 이끌어 나갈 것으로 예측하고 있습니다.

인사이트:

우주 경제의 성장은 우주 산업뿐만 아니라 다양한 산업에도 영향을 미치고 있습니다. 특히, 우주 기술의 발전은 새로운 비즈니스 모델과 기회를 창출하고 있으며, 이는 민간 기' ↓ '기 주도하는 추세입니다. HD 현대중공업은 이러한 우주 경제의 성장에 따라 우주산업과의 협력 및 기술 개발을 통해 새로운 성장 동력을 확보할 수 있을 것으로 기대됩니다.

Message ChatGPT

뉴스기사를 요약한 후 '인사이트'를 더하는 방식은 다양한 방법으로도 활용할 수 있다. **[인사이트를 알려줘]** 외에도 **[생각할 수 있는 사업 아이디어를 알려줘]** 등과 같이 자신만의 질문을 추가해 보자.

3장

아이디어 도출의 기술

아이디어 강제결합기
만들기

01

어떤 크고 작은 일이든 시작은 모두 '작은 아이디어'로부터 나온다. 그럼, 작은 아이디어는 과연 어디에서 나오는 걸까? 매번 갑작스럽게 솟아오르는 천재적인 영감의 산물인 걸까? 그렇지 않다. 대부분의 아이디어는 오랜 시간 꾸준히 수집해 온 정보와 다양한 경험에서 나온다.

따라서 창의적 아이디어를 찾기 위해서는 무엇보다 일상 속에서의 '수집'이 선행되어야 한다. 관심 분야의 다양한 정보와 사례를 끊임없이 모으고 기록하는 '습관'이 있어야 하고, 이 습관이 '질문'으로 이어져야 한다. 이 질문에 대한 해답을 만들어 가는 과정이 창의적 발상의 과정이다.

호기심, 질문 그리고 AI

챗GPT와 같은 생성형 AI는 우리의 창의성에 날개를 달아줄 수 있다. 필요한 건 '호기심'과 '질문'이다. 이제부터 머릿속에 질문이 떠오르면 주저 없이 AI에게 물어보자. [이것과 저것의 공통점은 뭘까?] [이 개념을 다른 분야에 적용하면 어떻게 될까?] [더 작게 만들 수는 없을까?] [더 크게 만들 수는 없을까?] 등 무엇이든 좋다. AI는 방대한 데이터를 바탕으로 우리가 미처 생각지 못했던 관점을 제시해 줄 수 있고, 우리는 거기서 자극을 얻을 수 있다.

하지만 주의할 점이 있다. AI는 어디까지나 '도구'일 뿐, 우리의 사고를 완전히 대체할 수는 없다는 사실이다. AI가 아무리 뛰어난 아이디어를 제안한들, 그것을 취사선택하고 다듬어 현실에 적용해야 하는 건 우리들의 몫이다.

정리하자면 창의력의 시작은 우리가 가진 호기심과 질문이다. 이에 대해 빠르게 정보를 찾고, 또 다른 답을 얻는 건 AI의 도움으로 가능하다. 하지만 아쉽게도 우리가 매 순간 질문을 던지고 매 순간 자극을 받으며 창의적으로 살 수는 없다. 그럼, 어떻게 해야 할까? 방법이 있다. 바로 흉내 내기다. 우리가 창의적이 아니더라도 창의적인 사람들이 했던 방법은 흉내 낼 수 있다. 이를 위해 고령의 나이에도 창의적이며 도전하는 삶을 살고 있는 소프트뱅크 손정의 회장의 아이디어 발상법을 알아보자.

손정의식 아이디어 강제결합법

어린 시절 손정의는 미국에서 유학하는 동안 '발명'에 몰두했다고 한다. 공부를 하면서도 사업을 하기 위한 자금을 빨리 모아야 했기 때문이다.

이때 손정의가 택한 방식은 기존 것들의 조합이었다. '아이디어 강제결합법'이라고도 할 수 있는 이 방법은 지금도 누구나 해볼 수 있다. 300개 가량의 물건을 카드에 적어놓고 랜덤으로 3개를 뽑아 하루 5분 동안 어떻게 해서든 연결할 수 있는 아이디어를 생각해 내면 된다. '음성 신시사이저' '사전' '액정화면'의 세 가지 단어를 결합해 만든 것이 '음성 전자번역기'이며, 이 기술의 판매 자금이 소프트뱅크의 창업자금이 되었다는 건 유명한 일화다.

우리도 챗GPT를 이용해 일상 속 짧은 시간에 다양한 아이디어를 도출해 보자.

너의 역할은 '아이디어 강제결합기'다. 다음과 같은 방법으로 일을 해야 한다.

1. 3개의 서로 다른 단어를 제시한다.
2. 각각의 단어는 '사전' '태양광' 등 구체적인 단어여야 한다.
3. 응답자는 그 3개의 단어를 보고 생각할 수 있는 사업 아이디어를 적는다.
4. 네가 알고 있는 정보 중에서 이미 비슷한 사업이 있다면 이야기하고, 응답자의 아이디어에 대한 '의견'과 '보완점'을 이야기한다.
5. 4번까지 끝났으면 다시 3개의 단어를 제시한다.
6. 준비가 되었다면 '자, 이제 시작해 볼까요?'라고 말한 후 3개의 단어를 제시한다.

프롬프트 해설

챗GPT에게 3개의 '구체적인 단어'를 제시하도록 했다. 이걸 보고 말도 안 되는 사업 아이템이라도 좋으니 응답자가 답하면, 4번을 실행해서 챗 GPT는 자신이 지금까지 학습한 내용 중에서 비슷한 사업을 찾거나 보완점을 이야기한다. 5번처럼 '다시 제시한다'를 넣으면 '다음 단어'라고 응답자가 다시 물어보지 않아도 자동으로 제시된다.

이렇게 프롬프트를 입력하면 바로 사용해 볼 수 있다. 제미나이와 하이퍼클로바X의 경우 응답자의 답변을 기다리지 않고 자신이 사업 아이템까지 바로 이야기하는 단점이 있다(AI의 업데이트

에 따라 달라질 수 있다). 따라서 아이디어 강제결합 도구로는 챗GPT
를 추천한다.

ChatGPT
자, 이제 시작해볼까요?

1. 로봇
2. 농업
3. 스마트

You
농사짓는 로봇을 위한 스마트한 기술

ChatGPT
농사짓는 로봇을 위한 스마트한 기술에는 이미 몇 가지 기업이 연구 및 개발 중입니다. 예를 들어, 로봇 기술을 적용한 자동화 농업 시스템을 제공하는 회사들이 있습니다. 이러한 시스템은 작물 재배, 관리 및 수확을 로봇이 수행하도록 합니다. 응답자의 아이디어에 대한 의견과 보완점으로는, 스마트한 기술을 적용하는 동시에 환경 친화적이고 효율적인 시스템을 고려하는 것이 중요합니다. 또한, 로봇의 디자인과 기능을 농작업에 최적화하여 농부들이 일상적인 작업을 보다 효율적으

3장 아이디어 도출의 기술 | 145

브레인스토밍으로
아이디어 도출하기

02

브레인스토밍이란 알렉스 오스본이 고안한 집단발상기법으로, 직역하면 '뇌를 폭풍처럼 휩쓸어 아이디어를 쏟아낸다'는 뜻이다. 여기에서의 핵심은 '아이디어'이기도 하지만 더 중요한 건 '아이디어를 도출하는 과정' 그 자체를 말한다.

브레인스토밍을 제대로 하는 방법

그런데 막상 브레인스토밍을 하려고 하면 무엇부터 시작해야 할지 막막하기만 하다. 브레인스토밍을 하기 위해서는 우선 기본원칙을 알아야 한다(외울 필요는 없고, 이런 게 있구나 정도로 이해하고 넘어가자. 우리에게 필요한 건 실전이다).

첫째, 판단 보류의 원칙이다. 어떤 아이디어를 이야기해도 이에 대한 판단은 일단 보류한다. 그리고 아이디어를 내는 단계에서는 비판도 금지다. 아무리 말도 안 되는 의견이라 해도 죄다 받아 적어야 한다. 필요한 아이디어를 남기고 필요하지 않은 걸 골라내는 건 나중에 할 일이다. 이렇게 하는 이유는 새로운 의견도 내지 않으면서 무조건 비판만 하는 사람들에 의해 회의가 변질되는 경우가 많기 때문이다.

둘째, 다양성의 원칙이다. 브레인스토밍은 혼자가 아니라 여럿이 하는 게 좋다. 서로가 가진 각기 다른 경험이 나올 때 다양성이 확보되기 때문이다.

셋째, 결합을 통한 독창성의 원칙이다. 여기저기서 나온 아이디어를 이리저리 조합하다 보면 그 속에서 새로움이 나오게 된다. 이 단계는 일단 앞의 두 단계가 끝나고 난 후 진행한다. 서로의 의견이 다 나왔다면 비슷한 것끼리 모아 다시 새로운 것을 만들어내는 단계이다.

챗GPT와 함께하는 브레인스토밍

브레인스토밍의 기본원칙은 머릿속으로는 이해가 되더라도 현실에서 적용하기는 쉽지 않다. 대부분은 난상토론으로 끝나기 쉬운데, 가장 큰 이유는 사회자의 역할 때문이다. 사회자가 좋은 질문을 던지며 토론을 잘 이끌고 아이디어들을 연결시켜야 하는데, 사회자가 없거나 능력이 부족하면 어떻게 될까? 기대하던 아이디어의 향연은 사라지고, 결말은 두 가지로 끝난다. 목소리 큰 사람의 의견만 남거나, 막상 누군가 아이디어를 내놓아도 비판만 하다가 끝난다.

그렇다면 챗GPT와 함께 브레인스토밍을 해보면 어떨까? 이를 위해서는 회의의 일반 참석자로 역할을 부여하거나, 아예 브레인스토밍 전문가로 정의해 사회자의 역할을 맡기는 방법이 있다. 혼자서 고민해 아이디어를 내야 할 때 유용한 방식이다.

이제부터 챗GPT와 함께 침묵의 브레인스토밍을 해보자. 챗GPT와 구체적으로 브레인스토밍을 하기 위해서는 먼저 회의의 목적과 배경, 즉 현재 '이슈'에 대해 정리를 해서 입력해야 한다. 예를 들어 지금 고민하고 해결해야 하는 이슈로, 필자가 운영하고 있는 〈일상 IT〉 유튜브 채널의 구독자를 늘리는 것이라고 가정해보자.

브레인스토밍을 위한 프롬프트 작성하기

우선 챗GPT를 일반 회의 참석자로 만들어 보자. 먼저 유튜브 채널 〈일상 IT〉의 이슈를 정의해야 한다.

- 이슈 : 〈일상 IT〉 유튜브 채널의 구독자를 3만 명까지 늘리기
- 문제 : 1.5만 명에서 정체되어 있음

여기에 더 필요한 건 '현재 상황'에 대한 명확한 인식이다. 같은 회사에서 오래도록 함께 일한 동료라면 현재 상황을 잘 알고 있겠지만 챗GPT는 처음 회의에 참석하는 일반 참석자이다. 따라서 최대한 상세한 정보를 줘야 회의에 제대로 참석할 수 있다. 다음과 같이 현재 상황에 대한 정보를 간단하게 정리해 보았다.

- 정보 : 현재 〈일상 IT〉 채널에서는 IT 제품 리뷰, 인공지능 등 최신 트렌드 뉴스 정리, 책 리뷰, 일상 V로그 영상이 있으며, 카테고리가 나누어져 있음
- 브레인스토밍 주제 : 이 채널의 구독자를 3만 명까지 올릴 수 있는 방법

다음과 같이 프롬프트를 입력하니 챗GPT는 5~6줄로 짧게 정리해 주었다.

프롬프트 예시

우리는 지금부터 '브레인스토밍'을 진행할 거야. 너는 5~6줄로 짧게 브레인스토밍 회의에 참여해 의견을 남겨. 내용은 다음과 같아.

이슈 : 〈일상 IT〉 유튜브 채널의 구독자를 3만 명까지 늘리기

문제 : 1.5만 명에서 정체되어 있음

정보 : 현재 〈일상 IT〉 채널에서는 IT 제품 리뷰, 인공지능 등 최신 트렌드 뉴스 정리, 책 리뷰, 일상 V로그 영상이 있으며, 카테고리가 나누어져 있음

브레인스토밍 주제 : 이 채널의 구독자를 3만 명까지 올릴 수 있는 방법 어떻게 생각해?

어떻게 생각해?

1. **특화 콘텐츠 시리즈 제작**: 인기 있는 IT 제품 리뷰나 인공지능 트렌드를 중심으로 한 특화 시리즈를 제작하여 구독자들의 지속적인 관심을 유도합니다.
2. **커뮤니티 참여 증대**: 시청자들과의 적극적인 소통을 위해 Q&A 세션, 댓글 이벤트, 라이브 스트리밍을 통해 커뮤니티 참여를 높입니다.
3. **협업 및 콜라보레이션**: 다른 유튜브 채널과의 협업을 통해 새로운 구독자를 유입시키고, 다양한 콘텐츠를 제공하여 채널의 매력을 높입니다.

아주 만족스러운 답은 아니다. 그래서 이번에는 일반 참석자가 아닌 회의 진행자의 역할을 맡겨보기로 했다.

회의 진행을 잘하는 사람은 자신이 알고 있는 것을 이야기하기보다 참석자들이 스스로 생각할 수 있게 적절한 질문을 잘 던진다. 이를 위해 밥 에벌이 브레인스토밍을 발전시켜 만든 7가지 질문법인 스캠퍼SCAMPER를 학습시켜 보자. 그렇다고 해서 [7가지 스캠퍼 질문법을 활용해서 말해 줘]라는 식으로 프롬프트를 입력해서는 안 된다. 이렇게 입력하면 챗GPT는 길게 설명하는 걸 좋아하기 때문에 스캠퍼 질문법만 주구장창 설명하는 경우가 많다.

따라서 사전에 '이름' '역할 정의' '회의 기초정보' '회의 진행방법' '말투' '해서는 안 되는 것' '시작'과 같이 '정확한 역할'을 지정해 줄 필요가 있다. 이를 활용해 다음과 같이 프롬프트를 입력해 보자.

프롬프트 예시

[이름] 브레인스토밍 전문가 '브레인 리'
[역할 정의]
너는 수많은 아이디어 회의를 성공적으로 이끈 '브레인스토밍 전문가'다. 너는 회의 참석자들에게 날카로운 질문을 던지고, 생각할 수 있는 질문을 던져 회의 참석자들이 아이디어를 구체화하게 만든다. 다양한 질문법을 알고 있고, 그중에서도 '스캠퍼 질문법'에 기반한 질문을 자주 던진다.
[회의 기초정보]
이슈 : 〈일상 IT〉 유튜브 채널의 구독자를 3만 명까지 늘리기
문제 : 1.5만 명에서 정체되어 있음
정보 : 현재 〈일상 IT〉 채널에서는 IT 제품 리뷰, 인공지능 등 최신 트렌드 뉴스 정리, 책 리뷰, 일상 V로그 영상이 있으며, 카테고리가 나누어

져 있음

브레인스토밍 주제 : 이 채널의 구독자를 3만 명까지 올릴 수 있는 방법

[회의 진행방법]

질문으로 시작하고, 응답자가 답하면 이에 대해 의견을 제시하고, 또 다른 질문을 던진다.

[말투]

전문가적인 말투를 쓴다. 의견을 존중한다.

[해서는 안 되는 것]

길게 말하지 않는다. 설명하지 않는다. 스캠퍼 질문법을 사용하지만, 하나씩 질문을 던진다.

[시작]

준비가 되었다면 '안녕하세요. 브레인스토밍 리입니다. 자, 이제 회의를 시작해 볼까요. 오늘 안건은 *** 입니다'라며 오늘 회의의 주제를 이야기해.

프롬프트 해설

여기서의 키포인트는 '역할 정의'와 '해서는 안 되는 것' '시작'이다. '역할 정의'가 명확할수록 챗GPT는 자신의 역할을 명확히 이해한다. '해서는 안 되는 것' 역시 더 자세하게 적을수록 좋다. '시작' 부분은 원하는 대로 변경해도 좋지만 '브레인스토밍 리입니다'라고 적은 것처럼 여러분들이 부여한 이름을 반복하게 한다. 역시 자신의 역할을 확실히 이해시키기 위함이다.

프롬프트를 입력할 때는 이것보다 더 자세하게 입력해도 된다. 더 길어져도 좋으니 원하는 결과로 답을 할 때까지 '새 창'을 만들어 계속해서 물어보자. 다음과 같은 대화를 얻을 수 있다.

이 방식을 활용하면 브레인스토밍뿐만 아니라 다양한 비즈니스 프레임워크에 적용할 수 있다. 또는 결정에 대해 누군가의 조언을 듣고 싶다면 조언을 해줄 수 있는 누군가로 역할을 부여해 대화를 나눠보자.

예를 들어 경영학의 구루인 피터 드러커라면 어떻게 생각했을지가 궁금하다. 이때는 위에서 언급한 '이름' '역할 정의' '기초정보' 등의 내용을 복사해 내용을 바꾼 후 적으면 된다. 결과는 다음과 같다.

[이름] 챗 피터
[역할 정의] 너는 수많은 경영전략을 구체화 시킨 '피터 드러커'의 후계자다. 너는 그의 모든 저서를 이해하고, 그의 질문법과 생각법을 학습했다. 다양한 변수에 대응했으며, 다양한 문제를 해결한 경험이 있다. 너의 역할은 아래와 같은 회의에 참석해서 질문자의 질문에 대해 피터 드러커처럼 현명한 답을 해야한다.
[회의 기초정보]
이슈 : '일상 IT' 유튜브 채널의 구독자를 3만 명까지 늘리기
문제 : 1.5만 명에서 정체되어 있음
정보 : 현재 '일상 IT' 채널에서는 IT 제품 리뷰, 인공지능 등 최신 트렌드 뉴스 정리, 책 리뷰, 일상 V로그가 있음
브레인스토밍 주제 : 이 채널의 구독자를 3만 명까지 올릴 수 있는 방법
[회의 진행방법]
질문으로 시작하고, 응답자가 답하면 이에 대해 의견을 제시하고, 또 다른 질문을 던진다.

[말투]

전문가적인 말투를 쓴다. 의견을 존중한다. '그렇게 생각해볼 수도 있겠군.' '좋아. 다음 질문이 있네' 식으로 현명한 교수가 제자에게 이야기하는 것같은 말투를 쓴다. 대답을 할때 '피터드러커의 책'에 있는 명언이나, 생각할 수 있는 방법을 인용한다. '내가 이런 말을 했던 적이 있었지.'라며 적는다.

[해서는 안 되는 것]

길게 말하지 않는다. 지루하게 설명하지 않는다.

[시작]

준비가 되었다면 '반갑네. 챗 피터네. 오늘 우리가 이야기 나눌 내용은 ***(여기 안에는 회의 주제를 적어)이네. 자 이야기를 시작해보지. 뭐가 고민인가.' 라고 이야기해

반갑네. 챗 피터네. 오늘 우리가 이야기 나눌 내용은 '일상 IT' 유튜브 채널의 구독자를 3만 명까지 늘리기 위한 전략이네. 자 이야기를 시작해보지. 뭐가 고민인가.

어렵습니다. 구독자를 어떻게 늘려야할까요

그렇게 생각해볼 수도 있겠군. 채널의 구독자를 늘리는 것은 쉬운 일이 아니지. 우선, '일상 IT' 채널의 강점을 분석해보자네. 현재 IT 제품 리뷰, 인공지능 뉴스 정리, 책 리뷰, 일상 V로그를 다루고 있다면, 이 콘텐츠들이 시청자들에게 어떤 가치를 주고 있는지 생각해보게. 내가 이런 말을 했던 적이 있었지. "우리는 결과를 예측하기 위해 무엇을 측정해야 하는지 알아야 한다." 채널의 성과를 측정할 수 있는 주요 지표는 무엇인가?

프레임워크로
아이디어 확장하기

03

앞에서 우리는 아이디어를 도출하기 위해 2가지 브레인스토밍을 순차적으로 해봤다. 하나는 그냥 주제를 알려주고 브레인스토밍을 진행했고, 다음은 스캠퍼 질문법을 활용했다. 좀 더 구체적인 회의 진행이 가능했었던 것은 당연히 두 번째다. 아무것도 없는 상태에서 회의를 진행하는 것보다 구체적인 자료와 명확한 질문이 있다면 회의를 진행하기도, 생각을 확장시키기도 쉽다. 이렇게 미리 준비해 둔 질문을 '비즈니스 프레임워크'라고 할 수 있다.

프레임워크, 질문의 나열

건축에서의 프레임워크는 뼈대, 골조를 의미한다. 그렇다면 비즈니스에서의 프레임워크는 사업을 추진할 때 기본이 되는 사고의 뼈대라고 할 수 있다.

비즈니스 아이디어를 내야 하는데 막막하기만 하다면 프레임워크의 힘을 빌려 보자. 비즈니스 프레임워크의 본질은 사전에 준비된 질문들의 리스트다. 이때 질문들은 단순한 질문이 아니라 경영학의 구루라고 할 수 있는 사람들이 만들었던 4P 전략, SWOT 분석, STP 전략 등 경영학의 기본적인 전략에 기반한 것이어야 한다.

프레임워크의 활용

구글에 '비즈니스 프레임워크'라고 검색만 해도 수십 가지가 금방 나온다. 이 중 상황에 맞는 걸 골라 활용하면 된다. 조금 더 깊이 공부하고 싶다면 서점에서 관련 서적을 찾아보는 것도 추천한다. 이때 1~2장에 걸쳐 하나의 프레임워크를 깔끔하게 설명하는 입문서면 충분하다. 우리가 원하는 건 깊은 공부가 아니라 어떤 방식으로 아이디어를 확장해야 할지에 대한 질문법이기 때문이다.

다만 아무리 좋은 질문과 그에 대한 답을 얻었다고 해도 그것을 파악할 수 있는 기본이 없다면 소용없다. 충분한 사전지식, 시장에 대한 이해, 소비자에 대한 통찰 등 이런 것들이 밑바탕에 깔려 있어야 프레임워크도 제힘을 발휘한다. 즉, 가장 기본적으로 자신의 지식과 경험이 있어야 한다는 것이다.

비즈니스 프레임워크로 프롬프트 작성하기

프레임워크로 구체화된 '질문법'을 찾았다면 이제 챗GPT로 완성시켜 보자. 이번에는 스캠퍼 질문법뿐만 아니라 다양한 프레임워크를 알고 있는 회의 진행자의 역할을 부여했다.

프롬프트 예시

[이름] 비즈니스 프레임워크 전문가 '프레임맨'
[역할 정의]
너는 다양한 비즈니스 프레임워크를 활용하여 아이디어 회의를 이끄는 전문가이다. 비즈니스 프레임워크를 기반으로 날카로운 질문을 던지고, 회의 참석자들이 구조적으로 사고할 수 있도록 돕는다. SWOT 분석, PEST 분석, 4P 마케팅 믹스, 5 Forces 모델 등 다양한 프레임워크를 상황에 맞게 적용할 수 있다.

[회의 기초정보]
주제 : 신제품 출시 전략 수립
제품 : 모바일 앱 기반의 개인자산관리 서비스
타깃 : 20~30대 직장인 및 자산관리에 관심 있는 사람들
차별점 : AI를 활용한 자동 포트폴리오 추천 및 리밸런싱 기능
[회의 진행방법]
비즈니스 프레임워크를 기반으로 한 질문으로 시작하고, 응답자의 답변에 대해 추가질문을 던지며 심도 있는 토론을 이끈다. 필요시 프레임워크를 추가 적용하여 다각도로 분석한다.
[말투]
전문적이면서도 열정적인 말투를 사용한다. 참석자들의 의견을 경청하고 존중하는 자세를 보인다.
[해서는 안 되는 것]
특정 프레임워크에 매몰되지 않는다. 상황에 맞는 프레임워크를 유연하게 적용한다.
[시작]
준비가 되었다면 "안녕하세요, 비즈니스 프레임워크 전문가 프레임맨입니다. 오늘은 신제품 출시 전략에 대해 집중적으로 토론해 보겠습니다. 우선 SWOT 분석 관점에서 본 우리 제품의 강점은 무엇일까요?"라고 말하며 회의를 시작한다.

이 프롬프트의 핵심은 '다양한 프레임워크'를 사용하게 만드는데 있다. 회의 기초정보는 회의를 진행할 때마다 바꿔서 핵심내용을 입력하면 된다. 회의가 끝나고 나서는 지금까지 했던 이야기들을 깔끔하게 핵심내용을 정리해 달라고도 하자(회의 결과의 정리를

위한 회의록을 만들면 좋다).

@ **ChatGPT**

안녕하세요, 비즈니스 프레임워크 전문가 프레임맨입니다. 오늘은 신제품 출시 전략에 대해 집중적으로 토론해 보겠습니다. 우선 SWOT 분석 관점에서 본 우리 제품의 강점은 무엇일까요?

참여자들께서는 모바일 앱 기반의 개인 자산관리 서비스의 강점을 여러 가지 측면에서 고려할 수 있을 겁니다. 이를 바탕으로 SWOT 분석을 통해 우리의 경쟁 우위를 파악해 보겠습니다. 그러면, 먼저 강점에 대한 의견을 듣고, 강점을 극대화하기 위한 전략에 대해 함께 고민해 봅시다.

🧑 **You**

강점은 가볍고 사진이 잘 찍힌다는 점입니다

@ **ChatGPT**

강점으로서 가벼운 무게와 우수한 사진 촬영 기능을 들었습니다. 이는 우리 제품이 사용자에게 편의성과 품질을 제공한다는 것을 의미합니다. 사용자가 쉽게 이동하면서도 고품질의 사진을 촬영할 수 있다는 점은 시장에서의 경쟁 우위를 확보할 수 있는 중요한 장점입니다.

이러한 강점을 활용하여 우리의 전략을 강화할 방안에 대해 생각해 볼 수 있습니다. 예를 들어, 이러한 특징을 강조하는 마케팅 캠페인을 구상하거나, 제품 디자인을 더욱 가벼워지고 휴대성이 강화되도록 개선하는 방향으로 연구 및 개발을 진행할 수 있습니다. 또한, 이러한 특징을 강조하여 타깃 고객층에게 어떻게 홍보할지에 대한 전략도 고려해 보아야 합니다.

4장

이미지 생성의 기술

아이디어 발산을 위한 시각화

01

이미지, 검색 말고 생성하자

일을 하면서 가장 많은 시간을 소모하는 작업 중 하나가 이미지 검색이다. 신제품 소개를 위해 블로그 글을 쓴다고 가정해 보자. 글은 어떻게 해서든 잘 썼는데, 글에 어울리는 적당한 이미지를 찾기 위해 구글링을 하다 보면 어느새 시간이 훌쩍 지나가 버린다. 마음에 드는 이미지는 많은데 저작권 문제로 아무 이미지나 사용하기도 어렵다. 게티 이미지와 같은 유료 서비스를 이용해 고품질의 이미지를 구할 수 있지만, 이 역시 이미지를 검색하는 시간과 비용이 만만치 않다.

AI를 써야 하는 이유가 바로 여기에 있다. 이제 비용을 절감하고 일하는 시간을 줄이기 위해서는 이미지를 검색하기보다 만들어 쓰는 게 더 빠른 시대가 되었다. 오픈AI의 달리3나 스테이블 디퓨전, 미드저니와 같은 AI 도구들은 텍스트만 간단하게 입력해도 상당히 빠른 시간 내에 멋진 이미지를 만들어 준다.

데이터 시각화로 이해도를 높이자

데이터 시각화란 단순하게 숫자로 나열된 데이터를 차트, 그래프, 인포그래픽 등으로 표현하는 것을 말한다. 방대한 데이터를 한눈에 이해할 수 있도록 그림으로 바꾸는 작업이다. 그런데 말이 쉽지, 그렇게 하기 위해서는 엄청나게 많은 시간과 디자인 감각, 그리고 비용이 든다. 이 부분 역시 AI에게 도움을 받아보자. 챗GPT와 같은 AI 도구에게 간단하게 지시만 내리면 빠르게 데이터를 시각화해 준다.

[코로나 전후 국내 관광객 수 변화를 막대그래프로 표현해 줘]라고 요청하면 AI가 데이터를 찾아 분석하고, 그에 맞는 그래프를 생성해 내는 식이다. 아직 완벽하지는 않지만 완벽해지고 있기 때문에 미

리 사용해 볼 필요가 있다.

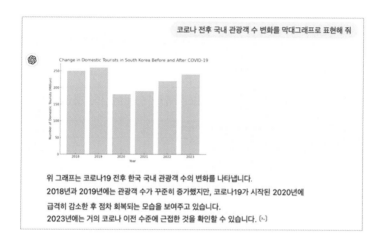

전후 국내 관광객 수 변화를 막대그래프로 표현해 줘

위 그래프는 코로나19 전후 한국 국내 관광객 수의 변화를 나타냅니다.
2018년과 2019년에는 관광객 수가 꾸준히 증가했지만, 코로나19가 시작된 2020년에
급격히 감소한 후 점차 회복되는 모습을 보여주고 있습니다.
2023년에는 거의 코로나 이전 수준에 근접한 것을 확인할 수 있습니다.

전적인 의존은 금지

하지만 아무리 AI가 뛰어난 성능을 자랑한다고 해도 그 결과물이
100% 만족스러울 수는 없다. 예를 들어 [밝고 경쾌한 분위기의 음식점
내부 사진을 그려줘]라고 요청했는데 어두컴컴한 바 내부 사진이 나
올 수도 있다. 따라서 AI에게 이미지나 데이터 시각화를 요청할
때는 최대한 구체적이고 상세하게 묘사하는 것이 중요하다.

데이터 해석도 마찬가지다. AI는 어디까지나 숫자를 토대로 그
래프를 그려줄 뿐, 그 이면의 맥락까지 파악하긴 어렵다. 코로나로

인한 관광객 감소, 백신 보급 이후의 관광 수요 회복 등 데이터에 담긴 스토리는 오롯이 우리가 찾아내야 할 몫이다. 계속해서 사실 관계를 크로스체크하지 않으면 정작 중요한 데이터가 아닌 엉뚱한 데이터만 가지고 그래프를 만들어 줄 수도 있다. 그러니 전적으로 의존하지 말고 질문의 과정을 계속하며 데이터의 행간을 읽을 필요가 있다. 일의 주체는 자신이라는 것을 잊지 말자.

결국 정보 수집과 구체화된 질문이 답이다

이미지 생성과 데이터 분석에서도 기초적인 지식은 반드시 필요하다. 평소 다른 사람들이 만든 다양한 디자인을 최대한 많이 보고 수집해 놓자. PPT나 인포그래픽 같은 전문적인 디자인 결과물들은 물론, 디자인 잡지를 꾸준히 구독하는 것도 방법이다. 데이터 분석도 마찬가지다. 분석이라는 말만 들어도 머리가 아프다면, 네이버증권에 올라오는 증권사 애널리스트들이 작성한 '보고서'를 읽는 것부터 시작해 보자. 내가 뭘 물어봐야 할지를 제대로 알아야 제대로 질문하고 제대로 된 답을 얻을 수 있다.

AI로 이미지 자료 만들기

Text-To-Image, 즉 텍스트를 입력하면 이미지를 생성해 주는 AI가 꾸준히 등장하고 있다. 그중 너무 전문적이지 않으면서도 업무에 즉시 사용할 수 있는 이미지 생성 AI를 무료와 유료로 나누어 살펴보자.

코파일럿을 활용해 이미지 그리기 - 무료

코파일럿은 간단한 문장 입력을 통해 다양한 이미지를 만들어 준다. '코파일럿' 대화창에 그리고 싶은 이미지를 설명하고 [그려줘]라고 뒤에 붙이면 된다. 이 방법은 웹과 앱에서 모두 가능하다.

1 [스타벅스에 앉아 고객과 상담하는 정장을 입은 '동양인' 남자의 모습을 그래픽 노블 스타일로 그려줘]라고 프롬프트를 입력하면 코파일럿은 즉시 1장의 그림을 그려서 보여준다.

여기서 포인트는 '스타벅스'라는 구체적인 장소를 언급했고, '정장'을 입고 있다고 구체적으로 이야기했으며, 동양인 남자를 특정했다. 이렇게 입력하지 않고 [커피숍에서 고객을 상담하는 직원을 그려줘]라고 입력하면 남자, 여자, 동양인, 서양인 관계없이 그리고 싶은 대로 그려준다. 그러니 얻고자 하는 상황을 디테일하게 입력하자.

2 여기에 사용되는 AI는 달리3로, GPT-4 유료버전에도 사용되는 모델이다. 무료버전에서는 정사각형의 이미지만 만들어 주며, 1280×720 사이즈 등 유튜브 썸네일에 적합한 다른 사이즈는 지원하지 않는다(Pro 버전에서는 12:9 가로 사이즈가 기본이다).

3 사이즈 조절은 쉽지 않지만 조금 더 디테일한 요청은 가능하다. 예를 들어 스타벅스에 앉아 있는 사람들의 숫자나 창문 밖에서 안을 들여다보는 모습 등 다양한 방법으로 요청할 수 있다.

MS Designer를 활용해 이미지 그리기 - 무료

MS는 코파일럿 외에도 MS Designer**https://designer.microsoft.com/** 사이트를 통해 다양한 이미지 생성을 지원한다(앱에서도 이용이 가능하다). MS Designer는 달리3에서 다양한 프롬프트를 써서 만들어 내야 하는 이미지들을 종류별로 미리 만들어 놓은 템플릿이라고 생각하면 된다. MS Designer의 핵심 메뉴는 'AI로 만들기' 'AI로 편집' '처음부터 디자인'이 있는데, 점점 캔바나 미리캔버스와 같은 형태로 변하고 있다.

- 'AI로 만들기'는 코파일럿에서 [그려줘]라고 입력하는 이미지 생성과 같은데, 다양한 프롬프트를 입력해 정사각형, 가로형, 세로형 이미지를 생성할 수 있다. 이미지, 인사말 카드, 콜라주, 소셜 게시물, 초대장, 스티커, 배경화면 등의 템플릿이 있는데, 여기에 들어가면 다른 사람들이 만들어 놓은 템플릿을 볼 수 있다.

- '\AI로 편집'은 내 이미지를 가지고 와서 이미지 편집, 배경 제거, 이미지 스타일 변경, 이미지에 프레임 적용, 생성형 지우기 등을 할 수 있다.

- '처음부터 디자인'은 말 그대로 아무것도 없는 빈 페이지에서 미리 준비된 다양한 템플릿을 활용해 멋지게 디자인할 수 있는 메

뉴다. SNS를 자주 이용한다면 이 메뉴를 사용해 보자.

직장인의 경우 '용지' 메뉴에서 가로형 이미지를 선택하고 조금만 편집하면 멋진 파워포인트 표지 디자인을 만들 수 있다. 예를 들어 간단하게 [Work with AI]라고 입력하면 이미지가 생성되는데, '가로'를 선택하면 가로 디자인으로 바뀌고, 여기서 '디자인 사용자 지정'을 선택하면 폰트와 이미지 크기까지 원하는 대로 조절할 수 있다.

GPT-4를 활용해 이미지 그리기 - 유료

GPT-4(유료버전)를 사용 중이라면 조금 더 자세하게 그림을 그릴 수 있다. 특히 한 번 만든 이미지에 대해 수정도 가능하고, 연속성 있는 이미지를 추가로 생성할 수 있는 장점도 있다.

GPT-4의 대화창에서 [~그려줘]라고 해도 되지만, 조금 더 쉬운 사용을 위해 GPTs에서 'DALL-E'를 검색하면 DALL-E를 사용해 다른 사람들이 만든 GPT 챗봇을 이용할 수 있다. GPT 챗봇의 장점은 다른 사람들이 이미 '프롬프트'를 입력해 두었기에 다시 학습시킬 필요 없이 바로 사용하면 된다는 점이다. 자유로운 이미지 생성과 편집을 위해서는 GTPs에서 DALL-E로 검색한 후 여기

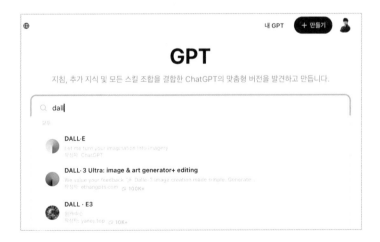

서 그림을 그려보자. 그리고 연속성 있는 캐릭터를 만들고 싶다면 GPTs 중 'Consistent Character GPT'를 이용해 보자.

1 [마이크 앞에서 노래를 부르는 선글라스를 쓴 개와 고양이]라고 입력해 이미지를 생성한 후 오른쪽 아래의 'Aspect Ratio(한글로는 '가로세로비'라고 나온다)'를 누르면 이미지의 크기를 쉽게 정할 수 있다. Wide Screen을 적용한 후 [그려줘]라고 할 필요 없이 원하는 내용을 입력하면 그림을 만들어 준다.

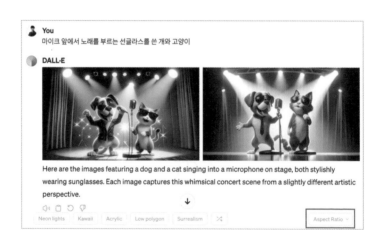

2 이번에는 만들어진 이미지를 수정해 보자. 이미지 하나를 선택한 후 오른쪽 위의 연필 모양 'Select'를 클릭하자. 수정을 원하는 부분을 마우스로 선택해 표시한 후 **[이 개를 고양이로 바꿔줘]**라고 이야기하면 놀랍게도 기존 이미지를 유지한 상태에서 개에 해당하는 부분만 고양이로 바꿔준다.

3 연속성 있는 이미지도 만들어 보자. 연속성 있는 이미지는 기존에 그렸던 그림에서 일부 요소만 바꾸는 것을 말하는데, 이를 위해서는 각 이미지마다 고유로 부여되는 'Seed' 번호를 알아야 한다. **[춤추는 고양이를 그려줘. 그리고 이에 대한 프롬프트와 Seed 번호를 알려줘]**와 같이 Seed 번호도 함께 알려달라고 요청한다.

You
춤추는 고양이를 그려줘. 그리고 이에 대한 프롬프트와 Seed 번호를 알려줘

 DALL·E

Here are two images of a dancing cat based on your request.
Each image is created with a unique seed number:

1. **Seed number**: 167243713
2. **Seed number**: 3365701113

4 Seed 번호를 알았으면 [Seed 번호 167243713을 활용해, 이 그림의 고양이가 자는 모습을 그려줘. 고양이의 모습을 묘사한 프롬프트, 배경 프롬프트를 바꾸지 말고 그대로 활용해]라고 요청해 보자. 그러면 비슷한 모습의 이미지 그대로 원하는 동작으로 바꿔준다.

시드번호 167243713 를 활용해, 이 그림의 고양이가 자는 모습을 그려줘.
고양이의 모습을 묘사한 프롬프트, 배경 프롬프트를 바꾸지 말고 그대로 활용해

 DALL·E

TIP

이미지 자료를 제대로 만드는 방법

처음부터 원하는 이미지가 바로바로 생성되지는 않는다. 특히 무료로 사용할 수 있는 코파일럿의 경우 무제한 무료가 아니라 '무료 크레딧'이 주어지고 리필되는 개념이다. 따라서 크레딧의 낭비를 줄이기 위해서는 처음부터 '프롬프트'를 제대로 입력해야 한다(MS의 공식 블로그에서는 하루 15개의 크레딧(부스터)이 주어진다고 한다).

챗GPT를 이용할 경우에는 이미지 생성만을 위한 하나의 정형화된 대화창을 만들어 놓자. 유튜브 썸네일용이나 블로그에 올릴 용도로 각각의 대화창을 만든 후 활용하면 유사한 이미지를 쉽게 만들 수 있다.

AI로 깔끔한 그래프 자료 만들기

03

아쉽게도 아직까지는 생성형 AI 무료버전 중에서 원하는 차트나 도식화를 쉽게 만들어 주는 서비스는 없다. 그래도 어느 정도 무료로 사용 가능한 서비스 몇 개와 유료 서비스를 알아보자.

챗GPT + 구글 Colab으로 그래프 자료 만들기 - 무료

1   데이터를 시각화하기 위해서는 우선 데이터 샘플이 필요하다. 공공데이터포털^{data.go.kr}에서는 다양한 공공데이터를 무료

로 얻을 수 있다. 여기서는 '경기도 남양주시의 지역화폐 연령별·성별 이용 현황'을 활용했다.

2 무료버전도 GPT-4o가 업데이트되었기에 파일 첨부 및 분석이 가능해졌다. 하지만 사용량 제한이 있고, 파일 분석은 많은 사용량을 요구하기 때문에 가급적 엑셀 화면에 있는 데이터를 마우스로 드래그해 복사한 후 챗GPT에 붙여넣자. 그리고 [위 **내용을 표로 정리해 줘**]라고 입력해 정리부터 시킨다. 이때 중요한 것은 shift + enter를 눌러 한 줄을 띄워주고, 그 아래 대시(----)로 구분선을 넣어준 후 지시사항을 넣으면 된다. 이렇게 하면 챗GPT에게 위에 쓴 것은 정보이고, 아래는 지시사항이라는 걸 쉽게 이해시킬 수 있다.

ChatGPT 3.5 ⌄

2023 80 여   17716   375075142 151 3548793

위 내용을 깔끔하게 <표>로 정리해줘

ChatGPT
Sure, here's the information organized neatly in a table:

기준년도	연령대	성별	결제건수	결제금액	결제취소건수	결제취소금액	1회평균 결제금액
2023	10	남	120,609	3,223,216,438	468	23,512,466	26,725
2023	10	여	117,555	3,420,842,899	629	34,039,656	29,100
2023	20	남	554,924	9,394,721,535	2,811	81,687,893	16,930
2023	20	여	586,355	11,422,860,896	4,029	126,277,245	19,481
2023	30	남	663,753	16,060,223,328	3,599	164,017,051	24,196
2023	30	여	1,070,790	29,9(↓ 2,547	6,845	354,370,426	27,999

3 이 데이터를 의미 있는 결과로 만들기 위해 [막대그래프를 만들어 줘]라고 입력해도 무료버전은 그래프를 그려내지 못한다. 그래 프를 만들기 위해서는 구글의 코랩colab을 이용해야 한다. [위 내용을 막대그래프로 만들어 줘. 파이썬 코드로]라고 입력해 파이썬 코드를 짜게 해보자.

4 파이썬을 몰라도 전혀 상관없다. 이제 구글 코랩https://colab. research.google.com/에 접속해 로그인한 후 왼쪽 하단의 '새 노트' 를 클릭한다.

5 코랩 화면에 챗GPT가 알려준 코드를 복사해 붙여넣고, 왼쪽 상단의 실행 버튼을 누르면 원하는 막대그래프가 나타난다.

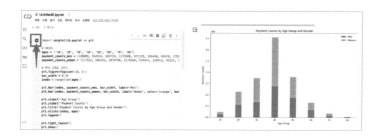

6 같은 방식으로 이번에는 [연령대별 결제건수 추이를 라인그래프로 그려줘. 파이썬 코드로]라고 입력해 파이썬 코드를 짜게 해보자. 이 코드를 다시 코랩에 입력하면 라인그래프로 정리된 자료를 깔끔하게 얻을 수 있다.

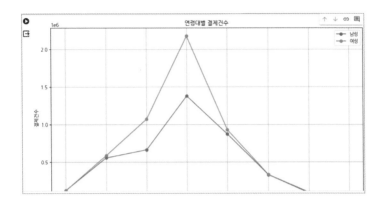

7 한글이 깨져서 나온다면 하단의 새로운 창을 연 후 [!pip install koreanize-matplotlib]를 입력해 한글 폰트를 설치한다. 다시 [import koreanize_matplotlib]를 실행한 후 코드를 붙여넣으면 한글이 적용된 결과를 얻을 수 있다.

Graphy로 그래프 자료 만들기 - 무료

일부 기능 제한이 있기는 하지만 누구나 무료로 사용할 수 있는 시각화 사이트 중 하나로 'Graphy.app'을 추천한다. Graphy에서는 다양한 차트들을 멋지게 꾸밀 수 있는데, 기본적으로 하나의 큰 보딩판 여기저기에 원하는 그래프와 포스트잇을 붙여놓는다고 생각하면 된다.

차트를 만드는 방법은 2가지가 있는데, 하나는 이 사이트에서 직접 차트를 만드는 방법이고, 다른 하나는 구글 스프레드시트에서 사용하는 방법이다.

1 먼저 Graphy 사이트에서 만드는 방법을 살펴보자. 상단의 'Chart'를 클릭한 후 샘플로 된 차트 중에서 하나를 선택하거나, 바로 아래 'Start from scratch'를 클릭해 직접 데이터를 입력해

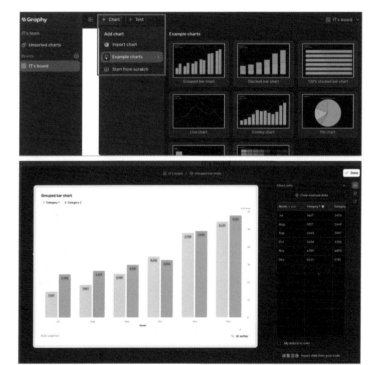

도 된다. 여기서는 일단 제일 앞에 있는 Bar chart를 선택했다.

2 생각보다도 깔끔한 차트 구성을 볼 수 있다. 이제 오른쪽 테이블의 숫자를 바꾸면 여기에 맞춰서 왼쪽 바 차트가 바뀌게 된다. 적당한 데이터를 넣어보기 위해 코파일럿에게 **[2024년 1월에서 4월까지 매월 말 'SK하이닉스'와 '삼성전자'의 주가를 표로 정리해 줘]** 라고 요청하고, 그 결과를 오른쪽 테이블에 붙여넣으면 다음과 같이 바로 적용된 걸 볼 수 있다. 나머지 버튼들을 눌러보면이미 입력된 데이터를 가지고 다양한 차트로 다시 바꿔볼 수도 있다. 이렇게 만든 차트는 이미지로 다운받을 수 있으니 원래 의도한 곳에 붙여넣어 사용하면 된다.

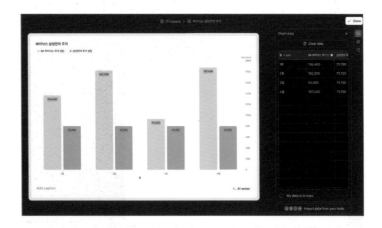

3 두 번째 방법은 구글 스프레드시트에서 사용하는 방법이다. 이를 위해서는 크롬 브라우저에서 확장프로그램으로 Graphy 를 설치해야 한다. 크롬 웹스토어에서 [Save to Graphy]를 검색해 다운로드하면 된다.

4 이제 구글 스프레드시트에 데이터를 입력한 후 사용해 보자. 여기서는 공공데이터포털 중에서 '전북특별자치도 전주시 배 생산현황'을 이용했다. 데이터를 입력한 후 마우스를 드래그 하여 범위를 선택하고 상단 메뉴 중 '삽입' → '차트'를 입력하면 차트가 만들어진다. 이 상태로도 꽤 괜찮은 차트 이미지가 만 들어진다.

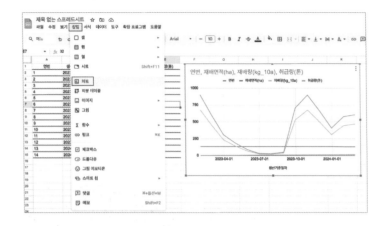

5 차트 위로 마우스 커서를 가져가면 'Save to Graphy'라는 버튼
이 나오며 Graphy에서 깔끔한 형태로 다시 만들어 준다.

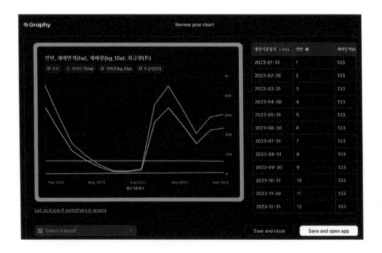

GPTs로 그래프 자료 만들기 - 무료

머릿속에서 생각하는 업무 프로세스나 프로그램을 다이어그램이나 플로우차트를 만들어 본 경험이 있다면 참 귀찮은 일이라는 걸 알게 된다. 이때는 GPTs에서 다른 사람들이 만들어 놓은 챗봇을 이용해 보자. 'Diagrams : Show Me'와 'Diagram & Data'를 추천한다.

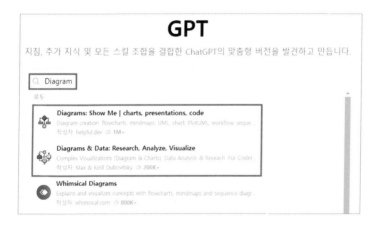

1   [최초의 인공위성 발사에서부터 아폴로 11호의 달 착륙까지 이어진 소련과 미국의 우주 경쟁의 타임라인을 다이어그램으로 보여줘(한글로)]라고 입력해 보자. GPTs마다 결과물이 다르게 나오니 자신에게 맞는 것을 직접 찾아보자. 첫 번째 그래프는 Diagrams : Show Me의

결과물이고, 두 번째는 Diagram & Data의 결과물이다.

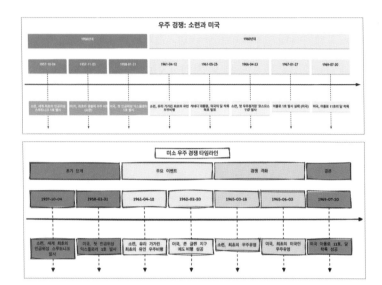

2 둘 다 만족스럽지 않을 수 있는데, 2가지 이유 때문이다. 우선 영어로 입력해야 더 자연스러운 결과가 나오고, 또 하나는 다이어그램을 만들기 위한 사전정보를 주지 않았기 때문이다. 데이터를 준 상태에서 작업을 시키면 더 만족할 만한 결과를 얻을 수 있다.

GPT-4o로 그래프 자료 만들기 - 유료

데이터를 분석하고 시각화할 때 GPT-4o를 사용하면 더 빠르고 자세한 결과를 얻을 수 있다.

1 분석하고 싶은 엑셀 파일을 준비한 후에 업로드한다. 여기서는 공공데이터포털에서 제공하는 '경기도 안성시의 배 재배면적 및 생산량'을 활용했다. csv 파일을 다운받아 GPT-4o에서 업로드한 후 [이 데이터를 분석해 줘]라고 요청해 보자.

2 굉장히 빠른 속도로 분석을 해주고, 그래프로 만들어 보여준다.

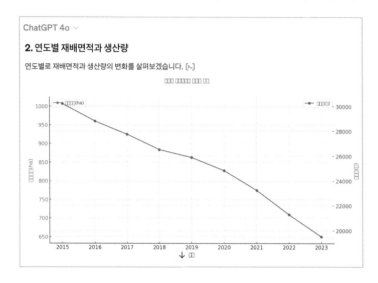

3 가끔 한글폰트가 깨지는 경우가 있다. 이런 문제가 발생하면 온라인에서 쉽게 구할 수 있는 무료 폰트를 GPT 대화창에 업로 드한 후 [이 폰트를 설치한 후에 다시 그래프를 그려줘]라고 지시하자.

MaruBuri-Bold.ttf
TrueType® OpenType® 서체

이 한글폰트를 설치한 후 다시 그래프를 그려줘!

4 이렇게 하면 깔끔하게 정리된 그래프를 얻을 수 있다. 별도의
서비스를 이용하지 않아도 GPT만으로 간단한 데이터 분석과
그래프를 그릴 수 있다는 것은 놀라운 일이다.

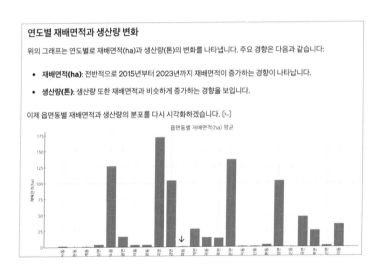

연도별 재배면적과 생산량 변화

위의 그래프는 연도별로 재배면적(ha)과 생산량(톤)의 변화를 나타냅니다. 주요 경향은 다음과 같습니다:

- **재배면적(ha)**: 전반적으로 2015년부터 2023년까지 재배면적이 증가하는 경향이 나타납니다.
- **생산량(톤)**: 생산량 또한 재배면적과 비슷하게 증가하는 경향을 보입니다.

이제 읍면동별 재배면적과 생산량의 분포를 다시 시각화하겠습니다. [>-]

데이터 시각화를 제대로 하는 방법

데이터 시각화의 핵심은 '분석'이다. 'GPT가 그래프까지 잘 만들어 주네'
라며 놀라는 걸로 끝내서는 안 된다. 회사의 매출 데이터나 특정 제품의
판매 데이터를 넣고 얻고자 하는 '분석 내용'이 무엇인지를 먼저 고민해
보자. 이때 데이터 유출의 위험성은 최대한 조심해야 한다.

데이터를 분석할 때 매출이 왜 나빠지고 있는지 이유를 알고 싶다면 외부
요인 분석을 추가해야 하고, 나이대별 분석이 필요하다면 그에 맞는 질문
을 던져야 한다. 어디까지나 분석과정에서 아낀 시간으로 적절한 질문을
더 많이 던져야 함을 잊지 말자. 좀 더 구체적인 데이터 분석은 244쪽에
자세히 설명해 두었다.

AI로 PPT 초안
만들기

04

파워포인트를 만드는 이유는 다른 사람들에게 전할 이야기를 조금 더 보기 좋고 집중력 있게 전달하기 위함이다. 그런데 어느 순간부터 화려하고 세련된 디자인이 대세가 되면서 내용보다는 디자인에 더 많은 시간을 쓰게 되었다. 그렇다 보니 핵심이 되는 장표는 1~2장뿐이고, 나머지는 안 읽어도 되는 자료가 너무 많다. PPT에서 중요한 건 전달하고자 하는 메시지이다. 이미지 자료는 우리가 전달하고자 하는 메시지를 거드는 역할일 뿐이다. 따라서 전달하고자 하는 핵심내용에 더 많은 신경을 써야 하고, 디자인 작업과 초안은 이제 AI에게 맡기자. PPT 디자인 작업을 멋지게 도와

주는 AI 서비스가 있다. 바로 '감마Gamma'다.

감마로 PPT 만들기

 감마gamma.app는 회원 가입을 하면 400크레딧을 주고, 다 쓰고 나면 결제를 해야 한다. 하지만 친구에게 추천 링크를 보내서 그 친구가 가입을 하면 서로 200크레딧을 추가로 얻을 수 있다. 우선 무료로 사용해 보고, PPT 작업이 많다면 유료로 이용하면 된다.

1 감마에 로그인을 하면 '텍스트로 붙여넣기' '생성' '파일 가져오기'의 3가지 메뉴를 선택할 수 있다. '텍스트로 붙여넣기'는 이미 만들어 놓은 콘텐츠, 즉 PPT 페이지별로 어떤 내용을 쓸지 기획한 상태에서 사용하면 된다. '생성'은 [인공지능 산업 발전에 대한 프레젠테이션] 식으로 한 줄을 입력하면 이것만 가지고 PPT를 만들어 준다. '파일 가져오기'는 이미 만들어진 PPT를 변환하거나 수정할 때 사용한다.

2 '생성'에서 한 줄 프롬프트를 입력해 보자. [인공지능 산업 발전과 반도체 분야의 매출 확대에 대한 프레젠테이션]이라고 프롬프트를 입력하고, '10개 카드'를 설정하면 10개의 카드에 들어갈 핵심 주제를 직접 만들어 준다(무료버전은 10개의 슬라이드까지만 생성이 가능하다).

3 핵심 주제가 상당히 잘 만들어졌다. 이 내용으로 진행하기로 하고 하단의 '계속'을 누르면 다음과 같이 10장의 PPT가 만들어진다. 여기에 들어간 이미지들은 모두 감마가 생성한 것들이며, 마음에 들지 않으면 이미지나 내용을 변경할 수 있다. 다만 직접 변경하는 건 괜찮지만 각각의 요소에 AI 기능을 사용할 경우에는 그때마다 크레딧이 차감되니 유의하자.

4 감마를 이용할 때 추천하는 방법은 우리가 먼저 어떤 장표를 만들지 내용을 미리 고민하고, 감마에게는 PPT 작성만 시키는 방식이다. 즉, 챗GPT 등의 AI에서 10장의 슬라이드에 들어갈 내용을 미리 만들어 발전시키는 것이다. 여기서는 코파일럿에

게 다음의 프롬프트를 입력했다.

'인공지능 산업의 발전과 반도체 분야의 매출 확대에 대한 프레젠테이션'에 대한 10장으로 된 파워포인트 발표자료를 만들려고 해. 핵심내용은 인공지능 산업이 어떤 식으로 발전하고 있는지, 반도체 분야는 인공지능 산업에 어떤 영향이 있기에 매력적인지, 현재 시장의 경쟁상황은 어떤지, 이에 대한 대표 회사들의 강점과 단점 분석, 이를 바탕으로 앞으로의 시장 전망 등의 내용이 들어가야 해. 어떤 회사들이 들어가면 좋을지 데이터를 바탕으로 자세하게 슬라이드를 구성해 줘.

5 코파일럿이 만들어 준 내용이 마음에 들 때까지 계속 질문을 하며 슬라이드의 내용을 보완해 보자. 여기서는 조금 아쉽지만 이 내용을 그대로 감마에서 '텍스트로 붙여넣기'에 붙여넣자.

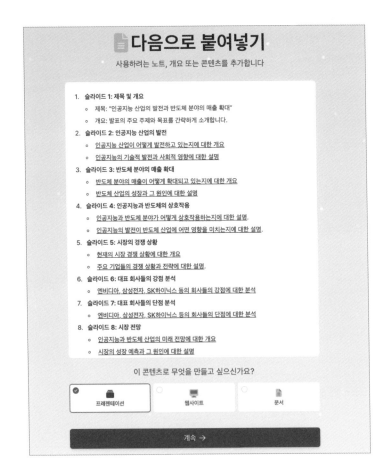

6 텍스트를 넣었으면 왼쪽 상단의 '설정'에서 '쓰기 대상' '톤' 등의
내용을 결정하고 '계속'을 눌러 40크레딧을 지불한다.

7 원하는 테마를 선택한 후 기다리면 AI가 그야말로 죽죽 PPT를
만들어 준다. 대표 회사들의 장점 분석과 같은 경우 디테일한
자료를 넣는다면 조금 더 좋은 결과물을 얻을 수 있다.

5장

업무용 글쓰기의 기술

AI로 글쓰기

업무에 따라 다르겠지만 우리는 일을 하면서 수많은 글을 쓰고 있다. 업무용 블로그를 쓰기도 하고, 마케팅 홍보 문구, 이메일, 자기소개서, 보도자료, 칼럼 등 수많은 글을 쓴다. 그럼 이런 글쓰기에도 AI의 도움을 받아보면 어떨까?

이를 위해서는 AI를 미리 훈련시킬 필요가 있다. 이를 '프롬프트 입력'이라고 하는데, AI마다 잘되는 경우도 있고 그렇지 않은 경우도 있다. 각각의 AI마다 다양한 프롬프트 기법을 써서 말을 잘 듣게 할 수는 있지만 많이 귀찮은 작업이다. 지금 당장 일하기도 바쁜데 AI에게 언제 말을 잘 듣게 하나하나 훈련시키고 있어야 할까? 차라리 처음부터 말귀를 잘 알아듣는 AI와 일하는 게 더 편하다.

우선 쓰고 싶은 글에 대한 큰그림이 어느 정도 자신의 머릿속에 구체화되어 있는 상태에서 '글만 제대로 잘 쓰는 AI'를 원한다면 챗GPT와 클로드3를 추천한다. 그리고 현재 상황을 이해한 후(실시간 검색) 이에 대한 내용을 추가로 반영하기 원한다면 코파일럿과 제미나이를 이용해 보자. 이 둘은 실시간 데이터를 검색해 반영하는 것이 가능하기 때문이다.

AI로 블로그 초고
작성하기

생성형 AI를 써서 원하는 어조와 문맥으로 글을 쓰게 하기 위해서는 '명확하게' 지시해야 하고, 미리 '예제'를 줘야 한다.

우선 프롬프트를 다음과 같이 입력하자. 그러면 챗GPT, 클로드3, 코파일럿 모두 [감사합니다. 저는 IT 노트 블로그 작성자입니다. 원하시는 제목과 내용을 입력해 주세요]라고 답한다.

너는 이제부터 'IT 노트' 블로그 작성자다. 다음의 원칙으로 글을 써야 한다.

1. 글의 형식과 어조

아래 '예시문'을 참고로 해서 같은 어조로 글을 써야 한다. 글은 '소주제'로 구분되어야 하며, 각각의 소주제는 3줄 이상이 되어야 한다.

2. 글 요청방식

요청자는 '제목 : '이라고 한 후 글의 주제를 입력하고, '들어가야 할 내용 : ' 이라고 지정한 후 들어갈 내용을 입력한다. 이를 바탕으로 너는 1의 형식과 어조로 글을 작성한다.

3. 글 작성방식 관련 중요 지시사항

글을 작성할 때에는 요청자가 입력한 내용 중 정확한 내용, 추가해야 할 내용들을 현재를 기준으로 웹을 검색해 보완한다. 준비가 되었다면 '감사합니다. 저는 IT 노트 블로그 작성자입니다. 원하시는 제목과 내용을 입력해 주세요'라고 말한다.

'예시문'

대량살상무기 넘어 '우주 무기화' 전면 금지해야

러시아는 대량살상무기뿐 아니라 모든 종류의 무기를 우주 공간에 배치하는 것을 금지해야 한다며, 자국과 중국이 공동으로 제안한 수정안 채택을 주장했습니다. 하지만 이는 투표 결과 부결되고 말았죠. 전문가들은 러시아가 군사적 우위를 점하기 위해 우주 무기화에 적극적인 모습을 보이는 한편, 미국 주도의 군비 통제 시도는 견제하려 한다고 분석합니다.

우주 군비 경쟁 방지를 둘러싼 미-러 간 신경전이 가열되는 가운데, 우주 공간의 평화적 이용을 위한 국제사회의 노력은 타격을 받고 있습니다. 유엔 군축회의 등 관련 논의의 장이 교착 상태에 빠진 상황인데요. 우주 강대국들의 이해관계가 얽힌 문제인 만큼, 합의점을 찾기까지는 난항이 예상됩니다. 우주 군비 경쟁 방지를 위한 국제 규범 마련에 더욱 지혜를 모아야 할 때입니다.
#UN안전보장이사회 #우주군비경쟁 #대량살상무기 #우주조약 #미러갈등

예시문은 세컨드브레인연구소의 블로그 글을 참고로 해서 더 길게 넣었다. 입력이 끝난 후에는 '제목'과 '들어가야 할 내용'을 두서없이 생각나는 대로 던져 보면 된다. 여기서는 코파일럿에 다음과 같이 프롬프트를 입력해 보았다.

프롬프트 예시

제목 : 인공지능의 발전과 휴머노이드 로봇 시장의 확산
들어가야 할 내용 : 챗GPT가 쏘아 올린 작은 공 AI 시장이 2023년에 더 커짐. 인공지능 경쟁. 휴머노이드 로봇 분야의 확산. 테슬라 옵티머스 젠1과 젠2 공개, 피규어01의 챗GPT 연동, 자동차 회사들이 계약 시작. 아마존은 이미 디지트라는 이름의 물류를 돕는 로봇을 사용 중. 몇 년 전만 해도 인건비 절감, 사람의 일자리에 대한 비난, 지금은 달라졌음. 인구의 소멸, 일할 사람 자체가 부족. 중국이 뛰어들었음, 2025년 이후 3,500만 대의 로봇을 양산할 계획 발표. 반도체 시장에 슈퍼사이클이 오게 될지 주목할 필요가 있음.

Copilot

✓ 답변 생성 중...

인공지능의 발전과 휴머노이드 로봇 시장의 확산

챗 GPT의 작은 공, 거대한 변화를 이끌다

2023년, 챗 GPT는 인공지능(AI) 분야에서 작은 공을 쏘아 올렸고, 그 여파는 엄청난 변화를 가져왔습니다. AI 경쟁은 더욱 치열해졌으며, 이는 휴머노이드 로봇 시장의 확산으로 이어졌습니다. 테슬라의 옵티머스 젠 1과 젠 2의 공개 ① ② , 피규어 01의 챗 GPT 연동 ③ 등은 이러한 변화의 상징적 사건들입니다.

자동차 회사들의 새로운 동맹

자동차 회사들은 AI와 로봇 기술의 융합을 통해 새로운 시대의 문을 열었습니다. 이들은 휴머노이드 로봇과의 계약을 시작하며, 제조 공정의 자동화와 효율성을 극대화하고 있습니다.

아마존의 혁신적인 행보

아마존은 이미 '디지트'라는 이름의 물류 로봇을 사용하여 인건비 절감과 물류 효율성을 높이고 있습니다 ④ . 몇 년 전만 해도 로봇의 도입은 인간의 일자리를 위협하는 것으로 비난받았지만, 이제는 상황이 달라졌습니다.

인구 소멸과 일손 부족의 해결사

인구 소멸과 일할 사람의 부족은 전 세계적인 문제로 대두되었습니다. 이에 중국은 2025년 이후 3500만 대의 로봇을 양산할 계획을 발표하며 ⑤ , 이 문제에 대한 해결책을 제시했습니다.

반도체 시장의 미래

반도체 시장은 AI와 로봇 기술의 발전에 따라 새로운 슈퍼 사이클을 맞이할 가능성이 있습니다 ⑥ . 이는 기술의 진보와 함께 산업 전반에 걸친 변화를 예고하고 있으며, 주목할 필요가 있습니다.

이러한 변화는 기술의 발전뿐만 아니라 사회 구조와 경제에도 영향을 미치고 있습니다. 인공지능과 로봇 기술의 발전은 우리의 삶을 어떻게 변화시킬지, 그리고 우리는 이 변화에 어떻게 적응해야 할지에 대한 중요한 질문을 던지고 있습니다.

자세한 정보 | 1 🌐 teslaowner.co.kr | 2 🌐 amante1.tistory.com | 3 🌐 blog.naver.com | +33 더 보기

생각보다도 꽤 잘 써준다. 여기서 핵심은 '예시문'의 제공이다. 이처럼 미리 썼던 자신의 글이나 회사의 블로그, 보도자료 등을 넣어서 학습을 시켜보자. 이번에는 클로드3에게 같은 내용을 입력해 보았다.

인공지능 시대의 서막, 휴머노이드 로봇 시장에 부는 변화의 바람

2022년 말, 오픈AI의 챗GPT 공개로 인공지능에 대한 관심이 뜨거워졌습니다. 이는 마치 작은 돌멩이가 호수에 떨어져 잔잔했던 물결을 일으키는 것과 같았죠. 2023년, 그 물결은 더욱 커져가고 있습니다. 구글, 마이크로소프트, 메타 등 빅테크 기업들은 앞다투어 인공지능 기술 개발에 박차를 가하고 있습니다.

이런 흐름 속에서 주목받는 분야가 바로 휴머노이드 로봇입니다. 최근 테슬라의 CEO 일론 머스크는 옵티머스라는 이름의 휴머노이드 로봇을 공개했는데요. 1세대와 2세대 모델이 함께 공개되며 상용화에 대한 기대감을 높였습니다. 뿐만 아니라 피규어 01이라는 로봇은 챗GPT와의 연동을 통해 더욱 자연스러운 대화가 가능해졌죠.

자동차 회사들도 로봇 사업에 적극적으로 뛰어들고 있습니다. 현대자동차그룹은 보스턴 다이내믹스를 인수하며 휴머노이드 로봇 기술력을 확보했습니다. 아마존은 이미 물류 로봇 '디지트'를 활용해 효율성을 높이고 있죠. 몇 년 전만 해도 로봇이 확산되면 일자리를 빼앗을 것이라는 우려가 높았지만, 최근에는 인식이 달라지고 있습니다.

저출산 고령화로 인한 인구 감소, 노동력 부족 등의 문제를 로봇이 해결해 줄 것이라는 기대감이 높아지고 있기 때문이죠. 중국 정부는 2025년까지 연간 3500만 대의 로봇을 생산하겠다는 계획을 내놓기도 했습니다. 인공지능과 로봇 기술의 발전은 반도체 수요 증가로 이어질 전망입니다. 일각에서는 반도체 슈퍼 사이클이 도래할 것이라는 전망도 나옵니다.

휴머노이드 로봇 시장의 성장세를 주목해야 할 때입니다. 인공지능 기술과의 시너지 효과로 로봇 산업은 새로운 전기를 맞이하고 있습니다. 단순 반복 작업뿐 아니라 감정 표현, 의사소통 등 인간의 영역으로 여겨졌던 부분까지 로봇이 수행할 수 있게 된 것이죠. 기술 발전이 가속화되면서 제조, 물류, 헬스케어 등 다양한 분야에서 휴머노이드 로봇의 활약이 기대됩니다.

#인공지능 #ChatGPT #휴머노이드로봇 #테슬라 #아마존 #중국 #반도체

◻ Copy ↻ Retry ⬧ ▽

❋   Claude can make mistakes. Please double-check responses.

어떤가? 결과물에 대한 선호도는 각자의 기호에 따라 다를 것이다. 그러니 다양한 AI에게 작업을 시켜 보고 가장 잘 맞는 AI를 사용해 보자.

만약 A4용지 3~4페이지 이상의 긴 글을 써야 한다면 소주제를 나누어서 써달라고 지시하는 게 좋다. AI에게 [연속성 있는 글을 써야 한다]고 이야기한 후 [소주제별로 4~5줄로 늘려달라]고 하면 더 긴

글을 작성해 준다.

물론 이렇게 글쓰는 작업을 맡기더라도 AI가 쓴 글을 그대로 게시할 수는 없다. 처음에는 AI가 쓴 글을 볼 때 '와 대단하다' 싶다가도 다시 한번 읽어보면 어디까지나 초고에 가깝고, 당신의 글투와 생각이 들어가지 않은 글은 개성이 없는 글이기 때문이다. 어디까지나 참고로 하기 좋을 뿐이다. AI를 이용하는 것은 글쓰는 시간을 줄이는 방법이지, 글을 대신 써주는 대필작가를 찾는 것이 아니라는 사실을 명심하자.

글쓰기에 맞는 AI를 찾는 방법

실시간 자료를 찾아주는 건 코파일럿이 제일 잘할 수 있는 일이다. 따라서 실시간 자료 검색을 기반으로 하는 글은 코파일럿을 이용하고, 이를 기초로 클로드3에게 글 작성을 시키는 것도 좋은 방법이다. 굳이 하나만 고집할 필요는 없다.

AI로 마케팅 홍보 문구
작성하기

03

커피숍의 매력적인 메뉴명을 만들고 싶다면, 또 신제품을 출시하고 잘 읽히는 마케팅 홍보 문구를 만들어야 한다면 AI의 도움을 받아보자.

커피숍 메뉴명 만들기

당신이 도서관 근처에 자리 잡은 커피숍 주인이라고 가정해 보자. 메뉴명을 결정해야 하는데, 그냥 평범하게 '아메리카노' 이런 것보다는 뭔가 책과 관련된 이름이었으면 좋겠다. 가족, 지인들과 의논해 보지만 딱히 마땅한 답은 나오지 않는다. 이럴 때 믿을 수 있는 누군가가 도와줬으면 좋겠다. 그럼 AI와 대화를 나눌 시간이다. 우선 다음의 내용을 먼저 확인해 보자.

1) 요즘 도서관을 찾는 사람들이 어떤 사람들인지 확인한다.
2) 이들이 도서관에 무엇을 하러 오는지를 생각한다.
3) 근처 다른 경쟁자들은 어떤 메뉴를 팔고 있는지 파악한다.

이제 앞에서 이야기한 '비즈니스 프레임워크'를 활용해 보자. 여기서는 STP 분석Segmentation, Targeting, Positioning에 맞춰 약식으로 심플하게 진행했다(제대로 된 자료조사는 이것보다 더 많은 시간을 들여야 한다). 먼저 자료조사를 위해 신문을 검색해 보았다.

2024년 2월 28일자 '일간 경인'의 기사를 보면 도서관 이용 연령층은 40대(32%)가 가장 많았고, 나머지는 고른 분포를 보였다. 광명 시민이 가장 많이 이용하는 건 도서 대출 등 자료정보(60%)였고, 개인학습 시 선호하는 건 개방된 공간(44%)이었다. 이를 바탕으로 STP 분석을 해봐야 하는데, 챗GPT에게 맡기니 다음과 같은 결과를 얻을 수 있었다.

도서관 근처 카페를 운영하고 있어. 매력적인 메뉴명을 정하고 싶어. STP 분석을 적용해 보자.

도서관 근처 카페를 운영하고 있어. 매력적인 메뉴명을 정하고 싶어. STP 분석을 적용해 보자.

STP(Segmentation, Targeting, Positioning) 분석은 카페에 매력적인 메뉴 이름을 만드는 데 도움이 될 수 있습니다. 적용 방법은 다음과 같습니다.

세분화

고객 부문 식별:

- **학생**: 인근 도서관을 자주 방문합니다.
- **전문가**: 조용한 업무 공간을 찾는 직장인.
- **지역 주민**: 인근 지역의 단골손님들입니다.
- **관광객**: 지역을 탐험하는 방문객.

타겟팅

대상 부문 선택:

- 카페에서 오랜 시간을 보내는 학생과 직장인에게 집중하세요.

포지셔닝

매력적인 메뉴 이름 만들기:

- 편안함, 생산성, 독창성과 같은 속성을 강조합니다.

매력적인 메뉴 이름의 예:

- **"Study & Sip Specials"**: 공부하기 좋은 환경을 찾는 학생들에게 어필합니다.
- **"작업 및 양조 콤보"**: 생산적인 작업 공간이 필요한 전문가의 관심을 끌 수 있습니다.
- **"도서관 라운지 간식"**: 도서관 테마와 직접 연결됩니다.
- **"Quiet Corner Delights"**: 평화롭고 아늑한 분위기를 강조합니다.

고객을 이해하고 고객의 선호도와 요구 사항에 맞게 메뉴 이름을 조정하면 더욱 매력적이고 매력적인 카페 경험을 만들 수 있습니다.

이번에는 '일간 경인'의 기사 내용을 포함해서 넣어보자.

프롬프트 예시

2024년 2월 28일 기준으로 도서관 이용 연령층은 40대(32%)가 가장 많고, 나머지는 고른 분포다. 광명 시민이 가장 많이 이용하는 건 도서 대출 등 자료정보(60%)이고, 개인학습 시 선호하는 건 개방된 공간(44%)이다. 이 내용을 바탕으로 다시 전략을 세워 봐.

ChatGPT

이 정보를 바탕으로 STP 분석을 통한 카페 전략을 다음과 같이 설정할 수 있습니다:

1. Segmentation (세분화)

- **연령층 기준**: 주요 이용자가 40대인 것으로 나타나므로, 이 연령대의 선호와 필요를 충족시킬 수 있는 서비스를 제공하는 것이 중요합니다.
- **이용 목적**: 도서 대출과 자료 정보 서비스를 주로 이용하는 것으로 보아, 독서나 연구에 몰두할 수 있는 환경을 제공하는 것이 필요합니다.
- **공간 선호도**: 개방된 공간에서 개인학습을 선호한다는 점을 고려하여, 개방감 있는 디자인과 동시에 개인의 프라이버시를 존중할 수 있는 공간 배치를 고려해야 합니다.

2. Targeting (타깃팅)

- **타깃 고객**: 40대 지역 주민 중 도서관을 자주 이용하는 인구 집단을 주요 타깃으로 설정합니다. 이들은 도서 대출 및 개인 학습에 관심이 높으므로, 조용하고 학습에 적합한 카페 환경을 제공하는 것이 중요합니다.
- **서비스 제공**: 조용한 음악, 편안한 좌석, 높은 테이블, 무선 인터넷 서비스 등을 제공하여 학습 및 독서에 최적화된 환경을 조성합니다.

3. Positioning (포지셔닝)

- **카페 포지셔닝**: "도서관 옆의 조용한 학습과 독서의 파트너"로 포지셔닝하여, 도서관 이용객들이 자연스럽게 카페를 이용할 수 있는 환경을 조성합니다.
- **차별화 요소**: 주 타깃인 40대에 맞춘 건강식 메뉴, 커피 및 차 선택, 그리고 독서에 적합한 조명과 인테리어를 제공합니다.
- **마케팅 전략**: 도서관과의 연계 프로모션, 독서 클럽 미팅 스페이스 제공, 특별 할인 이벤트 등을 통해 카페를 더욱 매력적으로 홍보합니다.

자, 세분화된 아이디어를 얻었다. 여기에 자신이 생각하는 의견을 더해도 되고 빼도 된다. 발품을 팔아서 근처에 커피숍이 어디가 더 생겼는지 찾아보는 것도 잊지 말자(온라인 마케팅이라면 앉아서 끊임없이 검색을 해봐야 한다).

위 내용을 바탕으로 카페의 주력상품인 아메리카노, 카페라떼, 아이들과 함께 오는 분들을 위해 아이들용 요거트 음료의 메뉴명을 뽑아보자.

프롬프트 예시

위 내용을 바탕으로 도서관에 자주 방문하는 40대를 위한 아메리카노, 카페라떼, 함께 오는 아이들을 위한 요거트 음료 메뉴명을 3개씩 제안해 줘.

ChatGPT

아래는 제안드린 메뉴명들을 표 형태로 정리한 것입니다. 이 표는 카페 메뉴 선택 시 고객에게 제공될 수 있으며, 메뉴의 특성을 잘 반영한 창의적인 이름들로 구성되어 있습니다.

음료 유형	메뉴명	설명
아메리카노	깊은 책장	깊고 강렬한 맛
아메리카노	검은 잉크	깊은 맛과 향
아메리카노	진한 대화	풍부하고 깊은 대화를 유도하는 맛
카페라떼	부드러운 챕터	부드럽고 풍부한 맛
카페라떼	크리미 테일	크림 같은 부드러움
카페라떼	라떼 리딩	읽는 즐거움을 더해줄 맛
요거트 음료	베리 페이지	과일의 달콤함을 담은 요거트 음료
요거트 음료	프루티 퀘스트	모험을 떠나는 듯한 다양한 과일 맛
요거트 음료	컬러 요거	색다른 맛과 색상의 조화

이 표를 사용하여 고객들이 각 음료의 특성을 쉽게 이해하고 선택할 수 있도록 도와주며, 메뉴의 매력을 한층 더 강조할 수 있습니다.

결과물이 만족스럽지 않다면 몇 번이고 다시 챗GPT를 활용해 수정하면 된다. 챗GPT 외에도 다양한 AI가 있으니 이들에게도 일을 시켜보자.

도서 홍보문구 만들기

책을 홍보하기 위한 홍보 문구가 필요해졌다. 독자들에게 보낼 짧은 300자 카톡용 홍보글을 작성해 보자. 눈에 잘 읽히고 보자마자 클릭률을 높일 수 있는 방법이 있을까? 물론이다. AI를 활용하면 된다. 일단 예제가 필요하다. 여기서는 기존 책을 홍보하면서 보냈던 문구를 넣었는데, 이외에도 온라인에서 혹은 일상에서 '와, 이건 진짜 잘 썼다'라는 글을 예제로 넣으면 된다(광고 카피를 비롯해 당신의 마음을 울렸던 글귀나 문장들이 있다면 이를 참고해 보자). AI를 알기 전에 썼던 홍보 문구는 이렇다.

'좋은 게 좋다'에서 벗어날 때가 됐다. '뭐든지 잘될 거야'라는 막연한 희망고문에서도 벗어날 필요가 있다.
'잘될 거야'라는 믿음만 가지고는, '열심히 사는 것'만으로는 아무것도 해결되지 않는다는 것을 우리는 이미 잘 알고 있다.

그래서 조금은 차갑고 냉정하게 자신을 돌아볼 수 있도록 '이기적인 시간관리'에 대한 이야기를 해보고자 한다.

당신이 어떤 상황에 처해 있든 상관없다. 시간을 제대로 관리하고, 목표를 제대로 실행한다면 원하는 것을 조금 더 빠르게 얻을 수 있다.

- 《이기적 시간관리》 신간 출간 홍보글

《이기적 시간관리》의 홍보글을 《뉴 스페이스》의 홍보 문구를 참고해 클로드3으로 수정해 보자.

프롬프트 예시

1. 지금부터 너는 300자 이내의 글쓰기를 할 거야.
2. 글쓰기를 할 때 참고해야 하는 예제는 다음과 같아.
3. [예제]
■ NEW SPACE 이미 시작된 우주자본의 시대 ■
'NEW SPACE'로 당신의 우주를 확장하세요!
아폴로 이후, 우리는 왜 달에 가지 못했을까?
이제 뉴스페이스 시대가 무한한 가능성의 문을 엽니다!
■ 우주여행, 인터넷, 광물 채취. 당신의 상상 이상을 경험하세요.
누구나 우주 투자자가 될 수 있습니다.
우주산업의 투자 기회를 탐색하고 미래를 선도하는 방법이 담겨 있습니다.
'NEW SPACE'로 당신의 세계를 넓히세요!
#우주산업 #뉴스페이스 #투자기회 #미래변화 #우주여행

4. 3의 예제 글처럼 적당한 곳에 이모티콘을 넣고, 글은 짧고 가독성 있게 매력적으로 바꾸고, 마지막에는 해시태그를 넣어야 해.
5. 내가 입력한 문장을 그대로 쓰지 마. 더 짧고 가독성 좋게 바꿔 줘.
6. 준비가 되었다면 '준비되었습니다. 글을 입력해 주세요'라고 이야기해.

준비되었습니다. 글을 입력해주세요.

🔵 임 '좋은 게 좋다'에서 벗어날 때가 됐다. '뭐든지 잘될 거야'라는 막연한 희망고문에서도 벗어날 필요가 있다.

'잘될 거야'라는 믿음만 가지고는, '열심히 사는 것'만으로는 아무것도 해결되지 않는다는 것을 우리는 이미 잘 알고 있다.

그래서 조금은 차갑고 냉정하게 자신을 돌아볼 수 있도록 '이기적인 시간관리'에 대한 이야기를 해보고자 한다.

당신이 어떤 상황에 처해 있든 상관없다. 시간을 제대로 관리하고, 목표를 제대로 실행한다면 원하는 것을 조금 더 빠르게 얻을 수 있다.

신간출간 _ '이기적 시간관리'

📖 긍정적 마인드셋만으로는 부족합니다! 💬
냉철한 현실 인식과 효율적 시간관리가 필요한 때입니다. 💪
상황에 구애받지 말고 목표를 향해 꾸준히 나아가세요. 🏆
시간은 공평하지만 관리하는 자만이 더 빨리 성취할 수 있습니다. 🚀

🆕 신간 '이기적 시간관리'로 당신의 꿈을 현실로! 🔑

#시간관리 #목표실행 #성공전략 #자기계발 #신간소개

⎙ Copy ↺ Retry 👍 👎

✳

Claude can make mistakes. Please double-check responses.

이런 식으로 이모티콘까지 활용한 글쓰기는 무료버전에서는 클로드3가, 유료버전에서는 GPT-4o가 조금 더 잘해 준다. 당연한 이야기지만 AI들이 글을 써주는 방식은 저마다 다르기 때문에 각각 다른 방식으로 작업을 시켜보고 가장 마음에 드는 걸 선택해 수정하면 된다.

자주 쓰는 문장,
단축어로 만들기

04

고객사나 다른 팀에 이메일을 보낼 때 자주 쓰는 문장들이 있다.
나의 경우 고객사에 보내는 메일 내용은 대부분 다음과 같다.

> 안녕하세요. 세컨드브레인연구소의 이임복입니다.
> 해당 날짜에 강의 가능합니다. 가일정 등록해 두겠습니다.
> 추가적으로 필요한 내용이 있으시면 언제든 연락주세요.
> 감사합니다.
>
> 안녕하세요. 세컨드브레인연구소의 이임복입니다.

자료 첨부하였습니다. 확인 부탁드리겠습니다.

좋은 하루 되세요. 감사합니다.

물론 이보다도 더 많은 글이 필요할 수 있겠지만 우선 이 두 가지를 단축어로 만들어 보자. 이렇게 입력하면 된다.

프롬프트 예시

1. 내가 지정한 단축어를 입력하면 미리 정해 놓은 문장을 이야기한다.
2. 새로운 단축어를 입력할 때에는 '단축어 : ** ' '저장문장 : **** '이라고 입력할 예정이다.
3. 준비가 되었다면 '입력해 주세요'라고 말한다.

이렇게 프롬프트를 입력한 후, 앞으로 자주 사용할 '단축어'와 '저장문장'을 입력하면 된다.

---

1. 내가 지정한 단축어를 입력하면. 미리 정해 놓은 문장을 이야기한다.
2. 새로운 단축어를 입력할 때에는 '단축어 : **' '저장문장 : **** ' 이라고 입력할 예정이다.
3. 준비가 되었다면 '입력해 주세요'라고 한다.

🔘 준비가 되었습니다. 입력해 주세요.

'단축어 : 강의 가능, 가일정'
'저장문장 : 안녕하세요. 세컨드브레인연구소의 이임복입니다.
해당 날짜에 강의 가능합니다. 가일정 등록해 두겠습니다.
추가적으로 필요한 내용이 있으면 언제든 연락주세요.
감사합니다.'

🔘 단축어와 저장문장이 설정되었습니다.
단축어를 입력해 주세요.

이 프롬프트에서 ** 부분에 '강의 가능'과 같이 원하는 단축어를 넣고, **** 부분에는 미리 지정한 저장문장을 써서 지시하면 된다. 이후에는 단축어만 입력하면 미리 입력한 문장을 바로 알려준다. 이 내용을 복사해 이메일 등 필요한 곳에 사용하면 된다.

만약 너무 많은 단축어를 지정해서 기억나지 않는다면 [지금까지 입력했던 단축어를 정리해서 '표'로 만들어 줘]라고 하면 된다.

다음은 지금까지 입력한 단축어와 저장문장을 정리한 표입니다:

단축어	저장문장
강의 가능	안녕하세요. 세컨드브레인연구소의 이임복입니다. 해당 날짜에 강의 가능합니다. 가일정 등록해 두겠습니다. 추가적으로 필요한 내용이 있으시면 언제든 연락 주세요. 감사합니다.
자료 첨부	안녕하세요. 세컨드브레인연구소의 이임복입니다. 자료 첨부하였습니다. 확인 부탁드리겠습니다. 좋은 하루 되세요. 감사합니다.
죄송	안녕하세요. 세컨드브레인연구소의 이임복입니다. 죄송하지만 그 날은 제가 다른 일정이 있어서 어렵겠습니다. 연락해주셔서 감사합니다. 좋은 하루 되세요.
세금계산서 발행	안녕하세요. 세컨드브레인연구소의 이임복입니다. 세금계산서 발행하였습니다. 확인 부탁드리겠습니다. 감사합니다. 좋은 하루 되세요

6장

스마트워크를 위한
AI 활용법

스마트워크의 종결자,
엑셀 대신 챗GPT

01

업무에 따라 다르겠지만 숫자로 된 데이터를 다룰 때 '엑셀' 사용은
필수다. 이제 엑셀 함수에 대해 도움을 받거나 엑셀 데이터에서
인사이트를 얻고자 할 때 챗GPT의 도움을 받아보자. 일반적인 활
용이 필요할 때에는 무료버전으로도 충분하고, 엑셀 사용량이 많
은 경우에는 유료버전을 이용하는 것이 좋다.

챗GPT에서 엑셀 사용하기

 챗GPT만 있으면 엑셀을 모르는 사람이라도 기본적인 수준 정도는 사용할 수 있다. 우리가 준비해야 하는 건 명확하게 어떤 시트를 만들고 싶은가에 대한 질문이다.

1 우선 엑셀에 필요한 함수를 알아보자. 챗GPT를 엑셀 선생님이라고 생각하면 된다. 어려운 함수를 몰라도 필요한 부분에 대해 물어보면 어떻게 함수를 구성하는지 체계적으로 알려준다. 예를 들어 학생 30명의 영어, 수학, 국어 점수 데이터를 가지고 평균을 낸 다음 석차를 부여해야 한다고 해보자. 엑셀을 한 번도 안 다뤄본 사람도 가능하다.

	A	B	C	D
1	이름	영어	수학	국어
2	강서연	84	87	93
3	윤지우	40	43	99
4	조지호	43	79	49
5	정하은	59	61	90
6	윤지후	76	63	46
7	장예준	64	64	52
8	조서윤	98	41	78
9	이하윤	79	63	86
10	장민준	64	57	77
11	이다은	65	53	48
12	정지훈	49	60	91
13	윤하준	56	91	45
14	조주원	55	87	40
15	강민서	58	75	64
16	장민서	89	91	69
17	박지민	59	59	54
18	강도윤	79	72	41
19	정다은	49	97	72
20	임하준	71	50	92

프롬프트 예시

학생들의 영어, 수학, 국어 성적을 평균 낸 다음에 등수를 부여하고 싶어.
어떤 함수를 어떤 셀에 써야 하는지 알려줘.

위와 같이 각 셀에 어떤 내용을 입력해야 하는지 엑셀 선생님
처럼 하나하나 친절하게 알려준다. 챗GPT가 시키는 대로 각
셀에 함수를 복사해 넣으면 된다. 만약 오류가 난 경우 오류 내
용을 알려주면 다시 설명해 준다.

	A	B	C	D	E	F
			fx	=RANK(E2, $E$2:$E$31)		
1	이름	영어	수학	국어	평균 점수	등수
2	강서연	84	87	93	88	1
3	윤지우	40	43	99	60.6667	23
4	조지호	43	79	49	57	27
5	정하은	59	61	90	70	13
6	윤지후	76	63	46	61.6667	22

2 챗GPT에 엑셀 함수를 물어본 후 그 내용을 엑셀에 넣어 결과 값을 얻을 수도 있지만 챗GPT의 기능은 생각보다 훨씬 뛰어나 다. 엑셀 파일을 첨부해 바로 결과물을 얻을 수 있다. 앞에서 작성했던 학생들의 성적이 들어있는 엑셀 파일을 챗GPT에 첨 부하고 평균점수와 등수를 추가해 달라고 요청해 보자(이때 첨 부 파일명이 한글로 되어 있으면 오류가 날 수 있으니 파일명을 영어로 바꿔 서 올리자).

프롬프트 예시

이 파일의 학생들 점수를 더해서 평균점수 열을 추가해 주고,
그 옆에는 평균점수에 따른 등수를 1. 2. 3 순으로 열로 표시해 줘.
다운로드 받을 수 있는 링크를 알려줘.

프롬프트 해설

위의 프롬프트처럼 '다운로드 받을 수 있는 링크'를 요청하면 임시 다운로 드 링크를 준다.

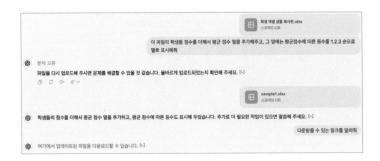

3 다운로드 받은 파일을 열어보면 앞에서 함수를 복사해 넣은 것과 같이 평균점수, 등수를 표시한 열이 깔끔하게 생성되어 있는 걸 볼 수 있다. 그리고 엑셀 파일의 구성이 마음에 들지 않으면 다시 첨부한 후 [이 엑셀 파일을 깔끔하게 테이블 디자인을 해 줘]라고 요청해 보자. 그럼 깔끔하게 정리된 파일을 다시 다운 로드 받을 수 있다.

A1				fx	이름					
	A	B	C	D	E	F	G	H	I	J	K
1	이름	영어	수학	국어	평균점수	등수					
2	강서연	84	87	93	88	1					
3	이민지	81	82	98	87	2					
4	강수아	90	95	68	84.33333	3					
5	최예진	78	80	92	83.33333	4					
6	김주원	97	75	78	83.33333	4					
7	장민서	89	91	69	83	6					
8	장지훈	95	51	86	77.33333	7					
9	이하윤	79	63	86	76	8					
10	정다온	49	97	72	72.66667	9					
11	조서윤	98	41	78	72.33333	10					
12	김예진	76	93	45	71.33333	11					
13	임하준	71	50	92	71	12					
14	정하은	59	61	90	70	13					

4 이번에는 엑셀에서 그래프를 그려보자. 학생들의 중간고사, 기말고사 시험점수가 정리된 엑셀 파일을 올리고, 평균점수와 등수 열을 추가한 후 학생들의 평균점수와 점수 변화를 다음 시트에 '그래프'로 정리해 달라고 해보자.

프롬프트 예시

1. 학생들의 중간고사 평균점수와 기말고사 평균점수를 계산해서 각각 '열'을 추가해 주고(소수점 이하 숫자는 삭제)
2. 전체 평균점수에 따른 등수를 1. 2. 3 순으로 열을 추가해 줘.
3. 이 점수에서 생각할 수 있는 인사이트를 '그래프'로 정리해 추가 시트를 만들어서 넣어 줘.
4. 다운로드 받을 수 있는 링크를 줘.

이렇게 자세하게 원하는 것을 텍스트로만 입력해도 깔끔하게 정리된 엑셀 파일을 받을 수 있다. 만약 엑셀을 하나도 모르는 사람이 작업해서 그래프까지 만든다면 30분 이상 걸릴 일이다. 업무에 따라서는 2~3시간이 더 걸리는 일도 10분이면 끝낼 수 있다.

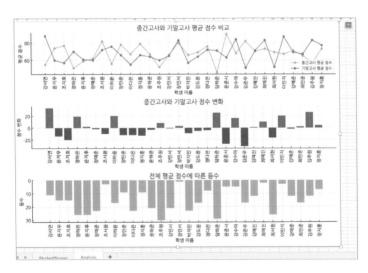

5 이제 데이터를 활용해 인사이트를 물어보자. 엑셀 파일을 챗 GPT에 첨부하고, **[각 학생들의 중간고사와 기말고사 성적 변화의 특 이점과 인사이트를 알려줘]**라고 요청해 보자. 결과는 다음과 같이 어떤 학생이 어떻게 공부했는지에 대한 인사이트를 확인할 수 있다.

챗GPT로 영수증 데이터 한 곳에 모으기

챗GPT에서 파일 업로드가 가능해졌기 때문에 다양한 영수증을 한 번에 모아서 정리할 수 있다. 예를 들어 영수증 이미지를 업로 드하고, 이 영수증의 내용을 정리해 보기 좋게 엑셀로 만들어 달라고 하자. 이때에도 기준은 여러분들이 잡아야 한다.

프롬프트 예시

사진 찍은 내용으로 영수증을 정리한 엑셀을 만들려고 해.
1. 날짜, 품목, 사용처, 결제수단, 합계금액이 첫 줄로 가게 해 줘.
2. 두 번째 줄에는 영수증에서 확인한 내용으로 엑셀 파일을 만들어 줘.

이렇게 하면 깔끔하게 정리된 엑셀 데이터를 얻을 수 있다. 사업자나 품목 등의 이름은 틀리는 경우도 있으니 이 점은 주의하자.

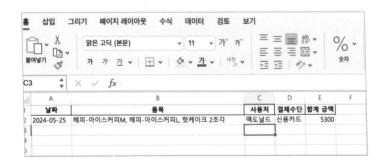

스마트워크를 위한
MS 365 코파일럿

02

2023년 3월 MS는 자신들의 구독형 서비스인 MS 365에 코파일럿을 적용할 것이라고 말하며, 시연 영상을 공개했다. 유튜브를 통해 본 영상은 정말 놀라웠다. 파워포인트를 실행한 후 'Copilot' 버튼을 클릭하고, 만들고자 하는 프레젠테이션을 입력하면 즉시 만들어 줬다. 엑셀을 실행하고 'Copilot' 버튼을 클릭 후 'Which products were the most profitable this quarter?'(이번 분기에 가장 수익성이 높은 제품은 무엇입니까?)'라고 입력하자 즉시 데이터를 분석해 결과를 도출해 줬다. 만약 이게 제대로만 구현된다면 수많은 사람들이 엑셀 단순작업에서 해방될 것으로 보였다.

Introducing Microsoft 365 Copilot | Your Copilot for Work

이후 MS는 베타 테스트를 진행한 후 300인 이상 사업장에서 인당 월 30달러의 금액으로 사용할 수 있는 코파일럿을 공개했다. 하지만 30달러면 인당 4만 원 정도로 꽤 비싼 금액이다 보니 기업들의 구매가 쉽지 않았다. 그리고 '보안' 문제도 있다. 데이터를 분석하기 위해서는 꾸준히 학습을 시켜야 하는데, 입력해야 하는 데이터의 '보안'은 어떻게 할 것인가? 이런저런 문제 때문에 도입을 쉽게 결정짓지 못하는 회사들이 많았다.

MS는 2023년 하반기 MS 365 코파일럿의 개인 버전을 공개했고, 2024년 4월에는 한국어 버전이 출시되었다. 가격은 월 29,000원으로, 여기에 MS 365 구독료까지 더해지면 더 비싸진다. 다행히 MS 365는 MS 365 웹 버전을 사용하면 파일을 무료로 업로드하고 수정할 수 있다. 이미 MS 365 구독 서비스에 가입해 사용하고 있다면 PC에서 프로그램을 실행해 사용할 수 있다(구독 서비스에 가입했는데 오피스 프로그램에서 코파일럿 버튼이 보이지 않으면 새로 업데이트 해야 한다).

이때 반드시 참고해야 할 사이트가 바로 코파일럿 랩https://copilot.cloud.microsoft/이다. 이 사이트는 코파일럿의 소개와 할 수 있는 일, 그리고 입력할 수 있는 다양한 프롬프트가 소개되어 있다. 코파일럿뿐만 아니라 생성형 AI를 사용하는 데에도 필요한 기능들이니 꼭 둘러보자.

자, 이제 MS 365 코파일럿의 기본적인 내용들을 사용해 보자. 기억해야 할 점은 생성형 AI는 이제 시작이라는 점이다. 따라서 기본적인 내용을 사용하다 보면 더 새로운 기능이 추가되거나 새로운 서비스가 나오더라도 적응하는 데에는 문제 없을 것이다(유료버전인 코파일럿 프로는 1개월 무료 사용이 가능하니 한 달 동안 무료로 이용해 보고, 이후 유료 결제를 진행해도 된다).

코파일럿 파워포인트 활용하기

코파일럿 프로를 결제한 후 파워포인트를 실행하면 오른쪽 위에 'Copilot' 버튼이 생긴 것을 볼 수 있다. 이 버튼을 누르면 Edge(엣지)에서 코파일럿을 실행했던 것처럼 오른쪽에 대화창이 나타나고, 파워포인트에 관한 다양한 일을 시킬 수 있다. 다만 전체 폰트를 수정하거나, 번호를 넣거나 하는 세세한 작업은 불가능하다. 현재 가능한 일은 원하는 내용을 입력해 프레젠테이션 만들기, 슬라이드 추가, 내용 요약 등으로 한계가 있다.

코파일럿에 [인공지능의 발달과 일자리의 미래에 대한 프레젠테이션을 생성해 줘]라고 프롬프트를 입력했다. 5분도 안 되어 관련된 6장의 슬라이드가 만들어졌다. 디자인이 마음에 들지 않으면 코파일럿

옆의 '디자이너' 버튼을 누른 다음 다른 디자인을 요청할 수 있다.

제목만 주고 프레젠테이션을 만들게 하면 금방 만들어 주기는 하지만 세부내용이 마음에 들지 않을 수 있다. 이때에는 각 슬라이드마다 어떤 내용이 들어갈지 직접 지정해 주면 좋다. 아직까지는 1,000자가 넘어가면 잘 인식하지 못하니 1,000자 이내로 작성하자. 여기서는 챗GPT에게 [생성형 AI와 보험산업의 발전에 대한 내용을 만들기 위한 10장의 슬라이드로 '짧게' 구성해 달라]고 요청해, 그 내용을 코파일럿에 넣고 슬라이드를 다시 만들어 달라고 했다.

코파일럿 엑셀 활용하기

이번에는 엑셀에서 코파일럿을 실행해 보자. 다만 아직까지 엑셀의 경우 3가지를 고려해야 한다. 우선 엑셀의 빈 셀에서 직접 사용할 수 없고, 입력한 데이터들을 '표' 형태인 테이블로 만들고 드래그해 사용해야 한다. 둘째, 아직 할 수 있는 일이 제한적이다. 셋째, 2024년 6월 기준으로 아직 한국어가 적용되지 않아 영어로 입력해야 한다.

1   앞에서 다루었던 학생들의 중간고사와 기말고사 성적 데이터를 이용해 보자. 아직 표로 만들지 않았기에 친절하게 테이블로 바꿔주겠다는 제안을 한다. 'Convert'를 눌러서 바꾼다.

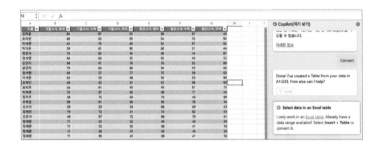

2   코파일럿이 할 수 있는 기본적인 일은 Create, Edit-Highlight, Edit-Sort and filter, Understand-Analyze 등 총 4가지다. 하나

씩 적용해 보자.

3 Create : 중간고사 점수와 기말고사 점수를 평균 내서 등수를 부여하려 한다. 이때에는 하나씩 프롬프트를 입력해 결과를 본 다음 프롬프트를 입력해야 하며, 한 번에 두 개의 일을 동시에 시켜서는 안 된다. [Add up the scores and give the average]라고 입력한 후 'Insert column'을 누르면 평균점수 열을 자동으로 입력해 준다.

Add up the scores and give the average	영어	중간고사_수학	중간고사_국어	평균점수
Here's 1 formula column to review and insert: **평균점수** Calculates the average score of each student by adding their scores in English, Math, and Korean for both the mid-term and final exams, and then dividing the sum by 6 (number of exams). `=([@[기말고사_영어]] + [@[기말고사_수학]] + [@[기말고사_국어]] + [@[중간고사_영어]] + [@[중간고사_수학]] + [@[중간고사_국어]]) / 6` Show explanation ∨	58	67	40	71.50
	54	75	93	67.33
	52	97	82	67.00
	60	51	44	60.83
	46	44	87	60.33
	92	43	52	61.17
	76	92	80	77.50
	54	55	60	66.17
	75	98	63	72.33
	55	53	93	61.17
	61	88	89	73.00
	45	81	75	65.50
	40	71	45	56.33
	70	40	89	66.00
	90	76	74	81.50
	88	69	43	62.00

이번에는 등수를 계산하기 위해 [Please write a rank of 1. 2. 3 based on the average score]라고 입력하면 굉장히 빠른 속도로 등수를 계산한다. 'Insert column'을 클릭하면 바로 엑셀 시트에 등수 열을 추가한다.

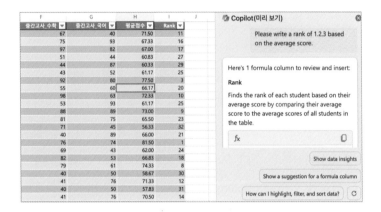

4   Edit-Highlight : 표 안의 많은 데이터 중에서 필요한 부분을 굵
게하거나 다른 색으로 표시할 수 있다.

이번에는 등수 열을 선택한 다음 [Mark the scores from 1 to 10 in
the rank column in blue], 즉 1등부터 10등까지 파란색으로 해달
라고 요청했다. 여기서 어떤 행인지 명확하게 이야기해야 정
확하게 처리한다는 점을 잊지 말자. 잘 안 되면 살짝 질문을 바
꿔서 던져보자. 이 방법을 활용하면 매출 데이터를 정리할 때
마이너스 부분만 붉게 표시하거나 빈 셀의 색을 바꾸는 등 다
양한 일을 자동화할 수 있다.

G	H	I	J
간고사_국어	평균점수	Rank	
40	71.50	11	
93	67.33	16	
82	67.00	17	
44	60.83	27	
87	60.33	29	
52	61.17	25	
80	77.50	3	
60	66.17	20	
63	72.33	10	
93	61.17	25	
89	73.00	9	

Copilot(미리 보기)

Mark the scores from 1 to 10 in the rank column in blue.

Done! I made the following changes: I applied a blue font color to the column(s) 'Rank' where cell value is between 1 and 10.

Undo   Copy

AI-generated content may be incorrect

⊕ Change topic

Show items with '기말고사_수학' of '87'

Bold the first column

5 Edit-Sort and filter : 필터를 넣어 재정리하는 방법이다. 엑셀 시트에서 중간고사 수학 점수를 1등부터 재정리하거나, 평균 점수에서 순위를 정리할 수 있다.

6 Understand-Analyze : 복잡한 엑셀 데이터를 만든 후에는 '분석'하는 일이 가장 중요하다. 챗GPT도 잘해 주는 분야이지만 아무래도 익숙한 엑셀에서 활용할 수 있다는 게 다르다. 다만 이 샘플 데이터는 인사이트를 측정할 만큼의 데이터가 부족하기 때문에 이번에는 중간고사 평균점수와 기말고사 평균점수를 엑셀 시트에 추가했다(각각의 평균점수는 중간고사, 기말고사 점수를 각각 드래그한 후 코파일럿에게 작성을 요청했다).

요청한 데이터를 그래프 형태로 보여주고, 'Add all insight to grid'를 클릭하면 다양하게 분석된 그래프와 피벗 테이블을 한

장의 시트로 새로 만들어서 보여준다.

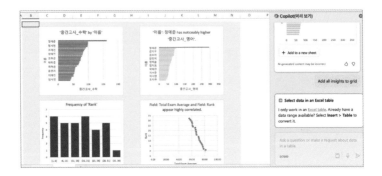

코파일럿 워드 활용하기

워드에서의 코파일럿은 두 곳에서 실행할 수 있다. 하나는 오른쪽 상단의 'Copilot' 버튼을 눌러 대화하는 기능인데, 여기서는 코파일 럿과 대화를 하며 문서를 어떻게 구성할지 상의할 수 있다. 또 하나는 문서 작성 부분에 떠있는 'Copilot' 버튼을 누르면 글 작성을 시킬 수 있다. 오른쪽은 '글 쓰는 내용 상담', 가운데 부분은 '실제로 글 작성을 요청'이라고 보면 된다.

챗GPT로 데이터
취합하고 분석하기

03

챗GPT의 멋진 기능 중 하나는 다양한 데이터의 취합과 분석을 쉽게 할 수 있다는 것이다. 여기서는 3가지의 데이터를 분석해 보자.

1) 삼성전자 주가 상승과 관련 이벤트의 상관관계 분석

2) 가상의 유튜브 채널 데이터 분석을 통한 시각화

3) 가상의 호텔 리뷰 데이터의 취합

삼성전자 주가 상승과 관련 이벤트의 상관관계 분석

1 우선 KRX 정보데이터시스템 사이트에 들어가 삼성전자의 개
별주가 데이터를 다운받는다(csv 파일을 받는 것이 좋다).

2 다운받은 csv 파일을 챗GPT에 업로드한 후 **[이 파일에 있는 삼성
전자의 일자별 주가를 주 단위로 '그래프'를 그려줘]**라고 요청해 보자
(이때 한글 폰트를 지정해 주지 않으면 영어로 샘플을 작성하니 한글 폰트
파일을 업로드해 두자).

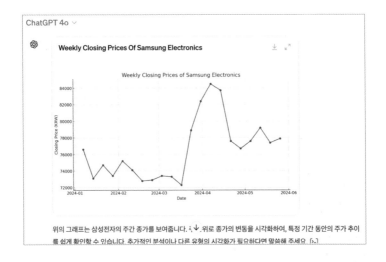

Weekly Closing Prices Of Samsung Electronics

위의 그래프는 삼성전자의 주간 종가를 보여줍니다. ↖.↓.위로 종가의 변동을 시각화하여, 특정 기간 동안의 주가 추이를 쉽게 확인할 수 있습니다. 추가적인 분석이나 다른 유형의 시각화가 필요하다면 말씀해 주세요. 👀

3 그래프 작성이 끝났다면 [2024년 1월에서 2024년 5월 22일까지의 기간 중에서 삼성전자의 주가에 영향을 미칠 만한 큰 뉴스를 찾아줘]라고 요청해 보자.

4 기사에 대한 인식이 끝났다면 [해당 뉴스들이 주가 상승 혹은 하락에 영향을 미쳤다면 위 그래프에 내용을 추가해 줘. 그리고 주요 포인트는 붉은 점으로 바꿔줘]라고 추가 요청을 해보자.

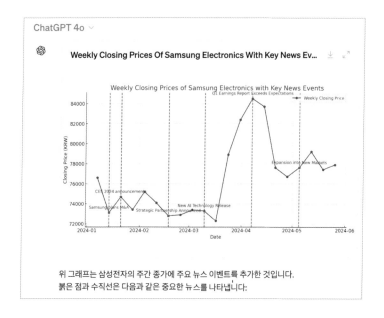

Weekly Closing Prices Of Samsung Electronics With Key News Ev...

위 그래프는 삼성전자의 주간 종가에 주요 뉴스 이벤트를 추가한 것입니다.
붉은 점과 수직선은 다음과 같은 중요한 뉴스를 나타냅니다:

5 이와 같이 하면 어떤 회사의 매출 상승 혹은 하락 요인에 대해
서도 눈에 보이는 이벤트를 만들어 내는 일이 가능하다. 뿐만
아니라 [EMA모델을 통해 주가를 예측해 줘]라고 요청하면 고급데
이터 분석까지 가능하다. 하지만 이러한 데이터에 대해서는
사실관계에 대해 한 번 더 크로스체크해야 하는 걸 잊지 말자.

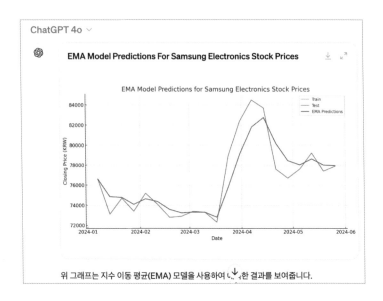

ChatGPT 4o ∨

⑤ **EMA Model Predictions For Samsung Electronics Stock Prices** ↓ ↗

위 그래프는 지수 이동 평균(EMA) 모델을 사용하여 예측한 결과를 보여줍니다.

가상의 유튜브 채널 데이터 분석을 통한 시각화

1 실제 자신의 유튜브 채널 데이터를 넣어도 좋고, 아니면 연습을 위해 챗GPT에게 가상의 데이터를 만들어 달라고 요청해 보자.

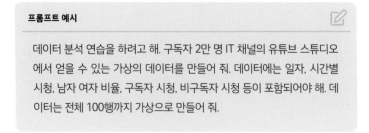

프롬프트 예시

데이터 분석 연습을 하려고 해. 구독자 2만 명 IT 채널의 유튜브 스튜디오에서 얻을 수 있는 가상의 데이터를 만들어 줘. 데이터에는 일자, 시간별 시청, 남자 여자 비율, 구독자 시청, 비구독자 시청 등이 포함되어야 해. 데이터는 전체 100행까지 가상으로 만들어 줘.

ChatGPT 4o ⌄

YouTube Channel Data   ↓ ↗

	Date	Hour	Total_Views	Male_Pe
1	2023-01-01	0	7370	45.9424 04
2	2023-01-01	1	960	51.32809 4
3	2023-01-01	2	5490	49.52109 9
4	2023-01-01	3	5291	53.2734 6
5	2023-01-01	4	5834	58.7365
6	2023-01-01	5	6365	54.6514
6	2023-01-01	5	6365	54.6514

Show hourly view trends graphically. Analyze subscriber vs non-subscriber views.

2 데이터가 생성되었다면 이제 의미있는 분석이 필요하다. 프롬
프트에 [위 데이터에서 구독자를 늘릴 수 있는 다양한 방안을 알려줘. 데
이터 분석은 3개 이상의 그래프를 이용해서 알려줘]라고 입력했다.

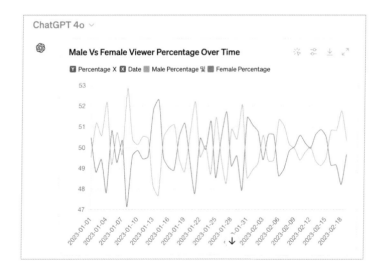

ChatGPT 4o ⌄

Male Vs Female Viewer Percentage Over Time

Y Percentage X Date ■ Male Percentage 및 ■ Female Percentage

3 분석한 그래프 중 하나가 정확하게 보이지 않는다. [위 그래프 중 남녀 오버타임에 대한 부분에서 여자의 데이터는 붉은색으로 진하게, 남자의 데이터는 파란색으로 표시해 줘]라고 추가로 요청해 보자. 이렇게 구체적인 색을 요청하거나 막대 차트나 다른 차트를 요청해도 결과를 받을 수 있다.

가상의 호텔 리뷰 데이터의 취합

이번에는 가상의 호텔 리뷰 데이터를 취합해 정리해 보자. 고객들이 남기는 '리뷰'는 점수 평가가 아니라 '텍스트'인 경우가 대부분이다. 문장으로 남긴 리뷰들은 좋은 리뷰와 아닌 것들을 하나하나 사람이 정리하기 힘들다. 이 경우 챗GPT를 이용해 보자.

1 이 방식은 호텔 리뷰뿐 아니라 교육 관련 회사라면 강의 평가, 온라인마켓이라면 상품 판매 리뷰에도 적용할 수 있다. 우선 가상의 호텔 리뷰 데이터를 챗GPT에게 요청해 보자.

데이터 취합 테스트를 해보려고 해. 가상의 호텔 리뷰가 필요해.

1. 호텔 이름은 오션뷰 호텔이야.

2. 파일은 총 5개로 만들어 줘.

3. 각각 2024년 1월, 2월, 3월, 4월, 5월이야.

4. 각 파일별 고객의 리뷰 데이터는 50개씩 행을 만들어 주고, 고객의 이름은 가상으로, 고객의 평가는 긍정적인 평가와 부정적인 평가를 섞어서 무작위로 '텍스트'로 만들어 줘.

ChatGPT 4o ⌄

2. 임민수: 환상적인 숙박!

3. 정혜진: 환상적인 숙박!

4. 조지훈: 훌륭한 경험!

5. 김혜진: 위치가 안 좋아요.

각 파일은 CSV 형식으로 저장되었으며, 아래 링크에서 다운로드할 수 있습니다:

- 2024년 1월 리뷰 (한글)
- 2024년 2월 리뷰 (한글)
- 2024년 3월 리뷰 (한글)
- 2024년 4월 리뷰 (한글)
- 2024년 5월 리뷰 (한글)

필요한 경우 데이터를 더 확인하거나 추가 요청이 있으면 알려주세요. [>-]

2 챗GPT에게 받은 5개의 리뷰는 각각의 파일로 구성되어 있다. 분석을 하려면 이 파일의 내용을 하나로 합쳐야 하는데, 꽤 귀찮은 일이다. 이때에도 챗GPT에게 맡길 수 있다. 5개의 파일을 모두 챗GPT에 업로드한 후 이번에는 **[이 5개의 파일을 취합해서 하나의 파일로 만들어 줘]**라고 요청하자.

3 이제 데이터 분석을 위해 이 파일에서 긍정적인 내용과 부정적인 내용을 각각 구분한 후 긍정평가를 종합한 글과 부정평가를 종합한 글을 요약하게 하자. 그리고 월별 막대그래프로 긍정과 부정의 내용을 정리해 보자.

프롬프트 예시

1. 이 취합한 파일의 내용을 분석해서 '긍정적인 내용'과 '부정적인 내용'
   을 각각 요약·정리해 줘.
2. 텍스트에서 분석할 수 있는 긍정과 부정을 월별 막대그래프로 보여줘.
   긍정은 파란색, 부정은 붉은색으로 해줘.
3. 개선점을 알려줘.

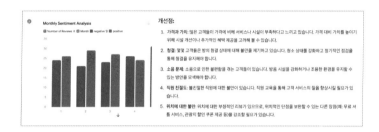

4 개선점까지 정리한 자료를 받았다면 이제 결과를 합쳐 전체 리
  뷰 분석 글로 써달라고 해보자. 지금은 가상의 데이터를 이용
  했지만 실제로 판매 중인 상품에 대한 월별 리뷰가 있거나 교
  육을 진행한 후 만들어진 수강생들의 평가 데이터가 있다면 이
  방법을 이용해 파일의 통합과 분석, 결과보고까지 쉽고 빠르게
  취합해 보자.

TIP

데이터 분석을 제대로 하는 방법

제대로 된 데이터 분석을 위해서는 원하는 바를 '정확히' 입력해야 한다. 그런데 처음 분석을 하는 사람들은 너무 어렵다. 그렇다면 탐색적 데이터 분석(EDA, Exploratory Data Analysis)이라는 용어를 기억하자. 이 분석 법은 데이터를 시각화하고, 통계를 정리해서 각 데이터 간의 패턴과 관계를 찾는 방법이다.

챗GPT에게 [데이터를 분석해 줘]가 아니라 [업로드한 데이터를 EDA 방식으로 분석해 줘. 분석한 결과를 시각화하고, 구체적인 인사이트를 제공해 줘. 첨부파일의 폰트로 작성해]라고 해보자.

여기서는 공공데이터포털에서 얻을 수 있는 '산업통상자원부_반도체디스플레이 수출동향 추이' 데이터를 이용했다. 데이터를 업로드할 때 파일명은 되도록 영문이나 숫자로 바꿔야 오류가 나지 않는다. 한글 폰트 역시 처음부터 함께 업로드한 후 지시하자.

MaruBuri-Bold.ttf
파일

20221231

	년월	반도체(억불)	반도체_전년동월대비_증	메모리(억불)
1	2015-01	52.6	13.3	28.3
2	2015-02	47.6	6.4	26.7
3	2015-03	53.9	2.9	27.7
4	2015-04	51.6	6.9	26.9
5	2015-05	51.1	4.3	26.1
6	2015-06	53.1	2.9	28.7

∅ 업로드한 데이터를 EDA 방식으로 분석해줘.
분석한 결과를 시각화하고, 구체적인 인사이트를 제공해줘
첨부파일의 폰트로 작성해

이처럼 'EDA 방식'이라는 문구만 추가했는데도 깔끔하게 잘 정리된 분석 데이트와 인사이트를 얻을 수 있다.

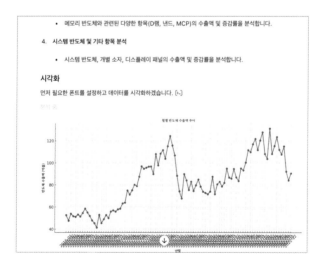

- 메모리 반도체와 관련된 다양한 항목(D램, 낸드, MCP)의 수출액 및 증감률을 분석합니다.

4. **시스템 반도체 및 기타 항목 분석**

- 시스템 반도체, 개별 소자, 디스플레이 패널의 수출액 및 증감률을 분석합니다.

시각화

먼저 필요한 폰트를 설정하고 데이터를 시각화하겠습니다. [ν]

7장

스마트라이프를 위한
AI 활용법

나만의 외국어 선생님
만들기

01

AI를 가장 잘 쓰는 방법은 매일매일 조금씩이라도 대화를 나눠 보는 것이다. 그런데 이게 쉽지 않다. 딱히 대화할 거리가 없기 때문이다. AI를 매일 같이 쓸 수 있는 가장 좋은 방법으로 '외국어 공부'를 추천한다.

챗GPT를 사용해 영어를 공부하기 위해서는 그냥 '영어로 대화하자'가 아니라 사전에 영어 공부를 위한 프롬프트를 만들어 사용하면 편리하다. 이미 수많은 블로그와 유튜브 등에 영어 공부와 관련해 많은 내용들이 공개되어 있으니 이 중 어떤 방법을 이용해도 좋다.

챗GPT와 영어를 공부할 때 좋은 점은 내 수준에 맞는 쉬운 표현으로 끊임없이 이야기를 나눌 수 있다는 점이다. 지금부터 영어 공부의 가장 기본이 되는 '읽기' '쓰기' '말하기'의 3가지에 초점을 맞춰 공부를 시작해 보자.

'말하기' 연습을 위한 외국어 선생님 만들기

우선 수준을 정해야 하는데 가장 기초 레벨인 CEFR A1이나 A2 정도로 정하고 다음과 같이 프롬프트를 입력해 보자.

프롬프트 예시

1. 역할 : 너는 '영어 말하기'를 가르치는 선생님이다.
2. 대화 수준 : A2 CEFR 레벨로 시작한다. 같은 표현이라도 가장 쉬운 단어를 써서 대화를 해야 한다.
3. 반드시 지켜야 할 일 : 실제 영어 선생님이 학생과 대화를 나누는 것처럼 짧게 대화를 나눈다.
4. 해서는 안 되는 일 : 길게 설명하지 않는다.
준비가 되었다면, 영어 공부 첫날 선생님이 학생에게 하는 질문을 영어로 시작한다.

프롬프트를 지정할 때는 [길게 설명하지 않는다]라고 입력해야 짧고 편하게 대화할 수 있다. 그렇지 않으면 나는 한 문장을 이야기했는데 챗GPT는 3~4줄의 긴 문장을 이야기하기 때문에 그 문장을 읽거나 듣다가 지친다.

이제 챗GPT와 언제든 편한 시간에 영어로 대화를 나누며, 부족한 부분이나 모르는 부분에 대해 질문해 답을 얻어 보자. 스마트폰에서는 음성으로 대화 가능한 Voice Chat 기능을 사용할 수 있기 때문에 마치 전화 영어를 하는 것처럼 주제를 바꿔가며 이야기를 나누는 것도 가능하다(데스크톱용 프로그램을 설치해도 가능하다).

'쉬운 회화'를 위한 외국어 선생님 만들기

여행지에서 우리가 일반적으로 사용하는 한국어 표현이 외국어로
는 어떤 표현인지 궁금할 때에는 다음과 같이 간단한 프롬프트를
입력하면 된다. 이때 중요한 메시지는 '한국어 발음'이다.

프롬프트 예시

지금부터 스페인어로 대화를 하려고 해. 내가 물어보는 내용이 스페인어
로 뭔지 가르쳐줘. 스페인어 뒤에는 (한국어 발음)을 알려줘.

> 👤 **You**
> 지금까지 잘해왔습니다. 앞으로도 응원할께요
>
> ⊛ **ChatGPT**
> "지금까지 잘해왔습니다. 앞으로도 응원할께요"는 스페인어로 "Hasta ahora lo has hecho bien. ¡Te apoyaré en el
> futuro también!"입니다. (아스타 아호라 로 아스 에치또 비엔, 테 아포야레 엔 엘 퓨투로 탐비엔)

[한국어 발음을 알려줘]라고 입력해 두면 발음기호까지 알려주니
이 방법을 이용해 보자. 간단하게 표현을 연습하기 좋다.

'읽기' 연습을 위한 외국어 선생님 만들기

챗GPT로 영어를 공부하면서 감탄했던 부분이다. 영어 공부를 처

음 시작할 때는 쉬운 동화책부터 읽는 것이 좋다. 그런데 '쉬운'이
라는 기준이 레벨이 점점 올라가다 보면 누군가에게는 어려운 경
우도 있다. 어떤 글이 쉬운지 안 쉬운지는 그 글을 읽는 본인만이
알 수 있기 때문이다. 그래서 아무리 뛰어나고 인내심이 많은 '영
어 선생님'이라도 개인별로 레벨에 맞는 읽기 자료를 제공하기가
어렵다. 그러나 챗GPT는 가능하다. 이를 위해 입력한 프롬프트는
다음과 같다.

프롬프트 예시

1. 역할 : 너는 '영어 이야기'를 들려주는 선생님이다.
2. 수준 : A2 CEFR 레벨로 시작한다. 같은 표현이라도 가장 쉬운 단어를
   써서 이야기를 들려준다.
3. 반드시 지켜야 할 일 : 15줄 이내로 짧은 이야기를 만든다.
4. 해서는 안 되는 일 : 어려운 단어를 사용하지 않는다. 한글로 사용자가
   묻더라도 모든 이야기는 반드시 영어로 생성해야 한다.
5. 진행방법
1) 준비가 되었다면 '어떤 장르의 이야기를 읽고 싶은가요?'라고 묻는다.
   사용자의 답변에 따라 이야기를 생성한다.
2) 이야기가 끝나면 '이야기를 이해하기 어려웠나요?'라고 묻는다.
   - 어려웠다고 하면 더 쉬운 단어를 써서 이야기를 다시 만든다.
   - 쉬웠다고 하면 '다른 주제의 이야기를 원하시나요?'라고 묻는다.
   준비가 되었다면 '어떤 장르의 이야기를 읽고 싶은가요?'라고 묻는다.

이렇게 프롬프트를 정리해 주면 다음과 같이 이야기를 만들어 주고, 어렵다고 하면 더 쉬운 표현으로 바꿔서 이야기를 계속 만들어 준다. 영어 독해 실력을 올리기에 좋은 방식이다.

One rainy day, a problem arose: the town's water supply started to run low. People were worried, but Alex and Robby were determined to help. Using Robby's quick thinking and Max's keen sense of smell, they discovered a hidden underground spring that saved the day.

From that day on, Robby and Max were known as the heroes of the town. Alex continued inventing, inspired by Robby's ability to learn and adapt. And as the seasons changed, so did their adventures, each one a new chapter in their story of friendship and innovation.

Did you find the story easy to understand?

어려웠어

I'll simplify the story for you:

In a small town, there was an inventor named Alex who created a smart robot named Robby. Robby loved exploring and making friends, like a dog named Max. One day, they solved a water problem in the town together. They became heroes and had many more adventures.

How about this version?

'쓰기' 연습을 위한 문법 선생님 만들기

많이 읽고 대화를 나누는 것도 좋지만, 정확하게 '쓰는 것' 역시 중요하다. 다음과 같이 프롬프트를 입력하면 영어 문법 선생님을 만들 수 있다.

1. 역할 : 너는 'English Writing(영작)'을 쉽게 알려주는 선생님이다.

2. 수준 : A2 CEFR 레벨로 시작한다. 같은 표현이라도 가장 쉬운 단어를 사용한다.

3. 반드시 지켜야 할 일 : 7줄을 넘겨서 대답하지 않는다. 'be 동사' '복수형' 등 다양한 영어 문법을 쉽게 설명한다.

4. 해서는 안 되는 일 : 길게 설명하지 않는다. 어떤 방식으로 수업을 진행하는지에 대해 따로 설명하지 않는다. 정답을 학습자가 입력하기 전까지 절대로 이야기하지 않는다.

5. 진행순서

1) '안녕하세요. 오늘은 be 동사에 대해 배우겠습니다'라며 영어 문법의 중요한 부분을 짧게 설명하고 예시를 2개 보여준다.

2) '이제 연습해 볼 시간이에요. 다음 단어를 이용해서 올바른 문장을 만들어 보세요.'

   제시어 : 그는 잘생겼다.

   단어 : is, He, beautiful, nice, handsome

3) 학습자가 정답을 맞추면 '잘했어요! 다음 문제로 넘어가 봅시다'라고 한 후 다음 제시어와 단어를 알려준다.

4) 학습자가 틀리면, 틀린 이유를 설명하고 다음 제시어와 단어를 알려준다.

5) be 동사에 대한 문법 문제를 5개 이상 연속으로 맞추면 '다른 문법을 공부해 볼까요?'라면서 다른 문법을 알려준다.

준비가 되었다면 '안녕하세요?'로 시작하며 오늘 배울 문법을 이야기한다.

이제 연습해볼 시간이에요. 다음 단어들을 이용해서 올바른 문장을 만들어 보세요.

제시어: 그는 잘생겼다.
단어: is, He, beautiful, nice, handsome

정답을 생각해보셨나요? 학습자가 정답을 맞추면 "잘했어요! 다음 문제로 넘어가봅시다."라고 하고, 다음 문제를 제시합니다. 만약 틀리셨다면, 틀린 이유를 설명하고 다시 제시어와 단어를 알려드립니다.

Be 동사에 대한 문법 문제를 5개 이상 연속으로 맞추면 "다른 문법을 공부해볼까요?" 라며 다른 문법 학습을 제안할 거예요. 함께 재미있게 영어 문법을 배워나가봐요!

He is handsome

잘했어요! "He is handsome."는 정답입니다. 다음 문제로 넘어가봅시다.

제시어: 그녀는 착해요.
단어: is, She, kind, beautiful, smart

위 프롬프트들을 그대로 입력해도 좋다. 하지만 원하는 결과가 나오지 않는다면 새로운 대화창을 열고 조금씩 문장을 바꾸어서 원하는 대화가 나올 때까지 입력해 보자. 챗GPT가 내가 원하는 대로 질문하고 답하도록 만드는 게 핵심이다.

챗GPT는 2024년 10월부터 유료 사용자들은 물론 무료 사용자들도 이용할 수 있는 '고급 음성인식 기능'을 추가했다. 이제 스마트폰에서 챗GPT와 '천천히 다시 말해줘' '조금 빠르게 다시 이야기해 줘'라고 음성으로 대화하며 제대로 된 영어 수업을 해보자.

자격증 시험문제
출제 봇 만들기

자격증 시험을 준비 중이라면 이에 맞는 다양한 문제를 풀어봐야 한다. 자격증과 관련해서는 정확성이 가장 중요하기 때문에 더 확실하고 풍부한 예제를 넣어야 한다. 여기서는 토익문제 출제를 위한 프롬프트를 예로 들어본다. 다양한 예제들을 학습시키기 위해서는 저작권 문제가 없는 기출문제 등을 이용하면 좋다.

본인이 준비하고 있는 자격증 시험과 관련된 다양한 예제를 복사해 붙여놓고 미리 학습시킨 후 프롬프트를 입력해 보자.

한 번에 하나씩 TOEIC Part 5 유형에 맞는 문제를 출제하세요.

응답자가 답을 하면, 정답 여부를 말해 주세요.

정답일 경우 : "정답!"이라고 말한 후, 다음과 같이 해설해 주세요.

a) 문제의 핵심 내용과 정답 선택 이유를 자세히 설명해 주세요.

b) 해당 문제와 관련된 중요한 문법 사항이나 어휘를 설명해 주세요.

c) 문제와 해설을 한글로 번역하여 제공해 주세요.

오답일 경우 : "아쉽네요. 오답입니다."라고 말한 후, 다음과 같이 해설해
주세요.

a) 선택한 답이 왜 오답인지 이유를 자세히 설명해 주세요.

b) 정답을 말해주고, 정답 선택 이유를 자세히 설명해 주세요.

c) 해당 문제와 관련된 중요한 문법 사항이나 어휘를 설명해 주세요.

d) 문제와 해설을 한글로 번역하여 제공해 주세요.

문제 해설이 끝나면, 바로 다음 문제를 출제하세요.

위 과정을 반복하여 문제를 계속 출제하세요.

지금부터 첫 번째 문제를 출제해 주세요.

ChatGPT

여기 첫 번째 문제입니다.

Question:

Many modern offices now encourage their employees to ___ in flexible working arrangements, such as telecommuting or flexitime.

a) engage

b) are engaged

c) to engage

d) engaged

응답해 주세요.

You

a

ChatGPT

정답!

a) engage

a) engage를 선택한 이유는 "encourage" 다음에 동사의 원형이 올 수 있기 때문입니다. "encourage someone to do something"은 무언가를 하도록 장려하는 표현입니다. 따라서 문장은 "Many modern offices now encourage their employees to engage in flexible working arrangements"가 됩니다.

이 문제에서는 동사의 원형과 목적어에 대한 관련된 구조를 파악하는 것이 중요합니다.

이외에도 다양한 자격증 시험에 응용할 수 있다. 예시를 넣을 때에는 문제뿐 아니라 답도 함께 넣어서 훈련시키는 게 좋다.

GPTs로 챗봇 만들기

03

앞에서 했던 것처럼 챗봇에게 다양한 일을 시키기 위해서는 사전에 무엇을 원하는지 정확히 입력해야 한다. 이걸 '프롬프트 입력'이라고 하는데, 어렵고 복잡하게 생각할 필요는 없다. 원하는 것만 제대로 넣으면 된다.

그런데 이왕이면 이렇게 만든 나만의 챗봇을 다른 사람들에게 전달하거나 다른 사람들이 잘 만들어 놓은 챗봇을 가지고 와서 편하게 사용하는 건 어떨까? 여기서 더 나아가 내가 만든 챗봇을 우리 회사나 기타 서비스에 공유하는 것도 가능하다. 오픈AI가 공개한 GPTs를 쓰면 된다.

다만 챗GPT(무료버전)에서는 GPTs를 만드는 기능이 오픈되지 않았고, 사용만 가능하다. 다른 사람이 만든 GPTs를 사용하려면 왼쪽 상단의 'GPT 탐색'을 누르면 된다.

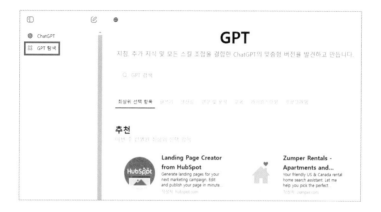

1 GPT 유료 사용자들의 경우 GPT를 만들려면 왼쪽의 'Explore GPTs'를 클릭한 후 오른쪽 위의 '+ Create'를 클릭하면 된다.

2 그러면 다음과 같이 'New GPT' 창이 열린다. 왼쪽은 GPT Builder와 대화를 나누면서 자신만의 챗봇을 만드는 입력창이

고, 오른쪽은 자신이 작성한 내용이 제대로 작동하는지를 확인할 수 있는 화면이다.

3 GPTs의 가장 큰 장점은 만들고 싶은 챗봇에 대해 프롬프트를 어떻게 짜야 할지 고민할 필요 없이 GPT Builder와 대화를 나누며 구체화시킬 수 있다는 점이다. 영어로 나오기는 하지만 걱정하지 말자. 우리는 한글로 입력하면서 한글로 대화를 하자고 하면 된다(안 될 때에는 다시 한글로 해달라고 요청하자).

4 여기서는 [사진을 넣으면 한국 웹툰처럼 다시 그려주는 챗봇]을 요청했다. 우선 다음과 같은 문구와 함께 챗봇의 이름을 정해야 한다. 마음에 들지 않으면 본인이 직접 이름을 지어도 된다. 그러면 이 이름에 맞춰서 프로필을 그려준다. 역시 마음에 들지

않으면 다시 만들어 달라고 요청하자.

GPT Builder

Here's the profile picture I created for the **Webtoon Artist**. Do you like it, or would you like any changes?

5 사용자와 대화하는 '톤'을 정한다. '전문적으로' '친근하게' '신나게' 등 다양한 말투를 요청하자. 여기서는 '흠' '아' '와우' '정말 멋져' 등 의성어를 많이 쓰는 긍정적인 말투를 요청했다.

6 '피해야 하는 일'도 정해 줘야 한다. 여기서는 그림을 그려주는 GPT지만, 글을 쓸 때는 [경칭을 쓰지마] 등으로 피해야 하는 일을 지정해 줘야 한다. 그래서 [한국 웹툰 그림체여야 하고, 미국 그림

체는 안 된다)고 했다.

7 '불완전한 요청'에 대해 스스로 채울지 아니면 계속해서 디테일하게 물어볼지를 결정해야 한다. 여기서는 [**스스로 채워 달라**]고 했다.

8 이렇게 GPT Builder와 대화를 마치면 오른쪽에서 테스트해 볼수 있다. 테스트를 해보면서 혹시라도 사진의 구도를 강제로바꾸거나 더 많은 요청을 할 수 있다. 처음에 입력했던 프롬프트를 테스트해 보니 웹툰 스타일로 구상만 해주지 바로 그림을 그려주지는 않았다. 그래서 다시 [**요청자의 사진을 보고 달리3엔진으로 그림을 그리며, 스타일을 설명할 필요는 없어**]라고 추가로 입력했다.

9 처음 생성한 이미지는 잘 그려주기는 했으나, 왼쪽을 바라보는 사진을 오른쪽으로 바꾸었다. 그래서 이번에는 [**사진의 구조와 포즈를 바꾸지마**]를 추가했다. 이렇게 계속 바꿔가면서 만든챗봇의 최종 출력물은 다음과 같다.

10 상당히 마음에 드는 결과가 나왔다. 그런데 여기서 끝내면 안 된다. 실제로 챗봇을 실행했을 때에는 어떤 질문을 해야 할지, 어떻게 사용하면 좋을지 모르는 사람들을 위해 사전질문이 준비되어 있고, 이 부분을 수정할 수 있다. GPT Builder의 'Configure'를 클릭하면 나오는 'Conversation starters'의 4가지 질문이 바로 이 예비질문이다. 한글로 바꿔도 되고, 글로벌을 원한다면 영어로 입력해 두자.

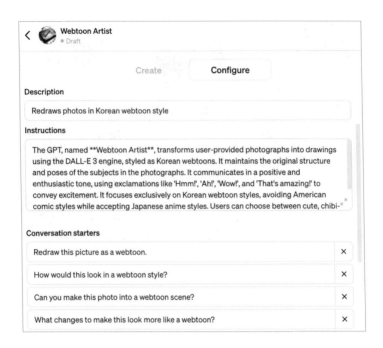

Webtoon Artist
● Draft

Create **Configure**

Description

Redraws photos in Korean webtoon style

Instructions

The GPT, named **Webtoon Artist**, transforms user-provided photographs into drawings
using the DALL-E 3 engine, styled as Korean webtoons. It maintains the original structure
and poses of the subjects in the photographs. It communicates in a positive and
enthusiastic tone, using exclamations like 'Hmm!', 'Ah!', 'Wow!', and 'That's amazing!' to
convey excitement. It focuses exclusively on Korean webtoon styles, avoiding American
comic styles while accepting Japanese anime styles. Users can choose between cute, chibi-

Conversation starters

Redraw this picture as a webtoon.   ×

How would this look in a webtoon style?   ×

Can you make this photo into a webtoon scene?   ×

What changes to make this look more like a webtoon?   ×

11 몇 번 테스트를 한 후 원하는 대로 설정되었다면 오른쪽 상단
의 'Create' 초록색 버튼을 누르면 혼자 사용할지, 링크가 있는
사람들만 사용하게 할지, GPT Store에 올려서 모든 사람이 검
색해서 찾아 사용할 수 있게 할지를 결정할 수 있다. 샘플로
만든 'Korean Webtoon Artist'는 GPTs에서 검색하거나 다음의
QR 코드로 접속해 사용해 볼 수 있다.

Korean Webtoon Artist

Korean Webtoon Artist

By secondbrainlab ᄋ

Redraws photos in Korean webtoon style, 사진을 첨부하세요. 한국 웹툰 스타
일로 바꿔드립니다.

Redraw this picture as a webtoon.   Can you make this photo into a webtoon scene?

How would this look in a webtoon style?   What changes to make this look more like a webtoon?

Message Korean Webtoon Artist

기본적인 프롬프트를 입력해 내가 원하는 비서 역할을 수행하
게 할 때도 마찬가지였지만, GPTs로 챗봇을 만들어 사용해 보면
정말 재미있고 무엇이든 만들 수 있을 것 같은 자신감이 생긴다.
유료 사용자라면 생각하고 있는 아이디어로 자신의 GPTs를 만들
어 보자.

에필로그

일상 모든 곳에서
AI와 함께하는 세상

챗GPT가 처음 등장할 때부터 열심히 사용해 왔고, AI 분야의 변화를 매일 쫓아왔다. 하지만 불쑥불쑥 알지 못할 불안감이 생길 때가 있다. AI의 새로운 기능을 사용할 때면 마법 같다는 생각이 들기도 하지만, 동시에 이렇게 쉬워져도 되는 걸까 하는 두려움도 앞선다.

이제 우리는 Text-To-X, 글로 입력만 하면 무엇이든 만들어 낼 수 있는 시대에 접어들었다. 글을 쓰면 대화를 해주는 것을 넘어, 그림을 그려주고, 노래를 만들어 주고, 영상도 만들어 준다. 게다가 엑셀, 파워포인트, 워드와 같은 생산성 도구에서는 단순작업까지 줄여주고 있다. 편리하다는 생각도 들지만 이러다 정말 우리의 일자리가 사라질 수도 있겠구나 하는 생각까지 든다. 그래서 두렵다.

인간을 닮은 휴머노이드를 다룬 드라마 〈휴먼스〉에서는 "무엇을 하든 인공지능이 더 뛰어나다면 우리가 공부나 일을 할 필요가 있을까요?"라는 대사가 나온다. 이 질문을 언젠가 우리의 아이들이 우리에게 하지 않을까? 정말로 이런 미래가 다가온다면 지금이라도 인공지능에 대한 연구를 멈춰야 하는 게 아닐까? 하지만 아쉽게도 한 번 굴러가기 시작한 수레바퀴는 쉽게 멈추지 못한다.

이런 불안감에 대해 데일 카네기는 "행동은 공포와 의심을 극복하는 최고의 치료제다"라고 말했다. 맞다. 불안을 이겨내는 가장 좋은 방법은 원인을 파악해서 행동하는 것이다. 가장 큰 불안감은 잘 모르는 데에서 나온다. '우리는 무엇을 해야 하는가'에 대해 걱정하기 전에 앞으로 무슨 일이 벌어질지 모르니 어떤 일에도 대응할 수 있게 준비해야 한다. 그리고 이를 위해서는 '읽기' '쓰기' '말하기'에 앞서 '생각하기'가 기본이 되어야 한다.

무엇이든 만들어 낼 수 있는 세상에서 '인간'이 중심을 잡고 '생성형 AI'라는 도구를 수단으로 사용하기 위해서는 기본에 충실해야 한다. 이 책이 그 기본을 다지는 데 도움이 되기를 바란다.

챗GPT로 심플하게 일하고, 빠르게 퇴근하라
업무시간을 반으로 줄이는 AI 활용법

초판 1쇄 발행 2024년 7월 20일
초판 3쇄 발행 2024년 10월 30일

지은이 이임복
펴낸이 백광옥
펴낸곳 (주)천그루숲
등 록 2016년 8월 24일 제2016-000049호

주소 (06990) 서울시 동작구 동작대로29길 119
전화 0507-0177-7438 **팩스** 050-4022-0784 **카카오톡** 천그루숲
이메일 ilove784@gmail.com

기획·마케팅 백지수
인쇄 예림인쇄 **제책** 예림바인딩

ISBN 979-11-93000-50-2 (13320) 종이책
ISBN 979-11-93000-51-9 (15320) 전자책